KB135052

배당정책의 이해

| 지배구조와 투자기회의 영향분석 |

배당정책의 이해

| 지배구조와 투자기회의 영향분석 |

전영환 · 김병곤 지음

머리말

　최근 기업의 배당정책에 대해 관심이 증가하고 있다. 박근혜 정부의 2기 경제팀 출범과 함께 정책당국은 배당촉진정책(사내유보과세, 고배당 시 정책적 지원 등)을 추진하는 등 주주환원 경로로 배당정책을 주목하고 있다. 투자자의 경우도 외국에 비해 상대적으로 낮은 배당수익률이 높아질 수 있도록 기업에 대한 시장의 압력을 강화하고 있다.

　기업의 입장에서 배당정책은 투자결정, 자본조달결정과 함께 재무관리의 주요한 기능 중 하나이다. 배당정책은 기업가치의 최대화 목표가 효과적으로 달성되도록 경영활동을 통하여 발생한 이익을 주주에게 배분하거나 유보하는 의사결정이라고 할 수 있다. 기업이 투자결정을 할 경우, 투자에 필요한 자금을 외부자본시장에서 조달하느냐 아니면 내부유보이익으로 조달하느냐는 배당정책에 의해 결정된다.

　기업이 창출된 이익 중에서 어느 정도를, 어느 시기에, 어떤 형태로 배당하느냐는 기업의 투자기회와 이익의 수준, 이익의 안정성, 자금의 운용상태, 기업의 규모, 경영자의 경영관, 경영지배권, 시장의 금리수준, 업계의 배당수준 등 다양한 요소를 반영하여 결정할 수 있다.

이와 같이 다양한 요소에 의해 영향을 받는 기업의 배당정책이 어떠한 요인에 의해 결정되는가를 밝히고자 하는 연구는 Barclay, Smith and Watts(1995), Rozeff(1982), Casey and Theis(1997), Fama and French(2001), Lin and Shen(2012) 등 많은 연구자들에 의해 꾸준히 이루어져 왔다. 특히 La Porta, Lopez-de-Silanes, Shleifer and Vishny(2000)는 여러 국가의 기업들을 대상으로 투자기회가 배당정책에 미치는 영향을 주주 권리보호(shareholder protection) 수준에 따라 달라진다는 연구를 발표하였다. La Porta et al.(2000)은 투자기회는 많은 국가에서 다양한 형태로 배당정책에 영향을 미친다고 주장하면서 결과모형가설(outcome model hypothesis)과 대체모형가설(substitute model hypothesis)을 제시하였다. 결과모형가설은 배당이 주주를 효과적으로 보호한 결과물이라는 것이다. 주주의 권리가 잘 보호되는 환경하에서 고성장 기업의 경우 저성장 기업보다 더 낮은 배당성향을 갖게 된다고 하였다. 대체모형가설은 배당이 주주에 대한 법적 권리보호에 대한 대체물이라는 것이다. 주주 권리보호가 취약한 국가에서, 고성장 기업은 주주 권리를 보호한다는 신호로 배당정책을 사용한다고 하였다. 이러한 La Porta et al.(2000) 연구를 기반으로 개별기업 차원에서 각 국가의 주주 권리보호 수준을 지배구조 특성과 연관시켜 분석하는 연구가 최근에 관심을 받고 있다.

　이 책은 이러한 La Porta et al.(2000)의 연구에 기초하여 국내 상장기업을 대상으로 지배구조 특성과 투자기회가 배당정책에 미치는 영향을 분석하기 위하여 집필되었다. 필자 중의 한 사람인 전영환 박사의 박사학위논문인「한국기업의 지배구조와 투자기회가 배당정책에 미치는 영향에 관한 연구(2013)」(창원대학교 대학원 경영학과, 지도교수 김병곤)를 중심으로 전후에 발표된 필자 및 타 연구자들의 연구결과들을 보완하고, 데이터 기간을 업데이트하여 저술한 것이다.

　이 책은 전체적으로 논문의 구성 체계에 따라서 총 6개의 장으로 구성되어 있다. 제1장에서는 연구의 목적과 범위, 연구방법 등이 제시되어 있다. 제2장에서는 기업지배구조와 투자기회, 배당정책의 관계를 정리하고 있다. 제3장에서는 배당정책과 지배구조, 투자기회 간의 관계를 분석한 선행연구들이 정리되어 있다. 제4장은 기업지배구조와 투자기회가 배당정책에 미치는 영향을 분석하기 위한 방법론이 정리되어 있다. 실증분석을 위한 분석방법론과 표본기업 및 분석기간, 가설 및 가설 검증모형, 분석대상변수의 측정방법 등이 구체적으로 기술되어 있다. 제5장에서는 한국기업에 있어 지배구조와 투자기회가 배당정책에 미치는 영향을 분석한 결과가 제시되어 있다. 제6장에서는 전체적인 결론이 기술되어 있다.

필자는 기업의 배당의사결정과 관련된 배당정책 문제는 여전히 많은 연구자들의 관심의 대상이 될 것으로 생각한다. 비록 이 책이 배당정책과 관련된 연구분야에서 조그만 모래알과 같은 일부분에 불과할 수도 있겠지만 연구자들의 후속 연구에 조금이라도 도움이 되었으면 하는 바람이다.

필자들이 학위논문과 그동안의 연구결과들을 정리하여 책의 형태로 출간한 것은 이 분야에서 연구를 하고 있거나, 연구를 하고자 하는 분들께 미력이나마 도움이 되었으면 하는 바람에서 시작한 것이나, 부족한 점이 많을 것으로 생각한다. 독자들의 비판과 조언을 받아 계속적으로 수정·보완해 나갈 것을 다짐한다.

마지막으로 이 책이 출판될 수 있도록 도와주신 한국학술정보

(주)의 여러 관계자 여러분과 조언을 아끼지 않으신 창원대학교의 김동회 교수님, 정정현 교수님과 신라대학교의 곽철효 교수님, 부산경제진흥원의 김동욱 박사께 이 자리를 빌려 감사를 드린다.

2014년 12월
전영환·김병곤

차례

제3장 배당정책 의사결정 관련 선행연구

제5장 지배구조와 투자기회의 영향분석 결과

제6장 결론

■■■ 제1장

배당정책과 지배구조 및 투자기회 분석의 의의

1. 연구의 목적

2. 연구의 범위

1. 연구의 목적

배당정책은 투자결정, 자본조달결정과 함께 재무관리의 주요한 기능 중 하나이다. 배당정책은 기업가치의 최대화 목표가 효과적으로 달성되도록 경영활동을 통하여 발생한 이익을 주주에게 배분하거나 유보하는 의사결정이다. 기업이 투자결정을 할 경우, 투자에 필요한 자금을 외부자본시장에서 조달하느냐 아니면 내부유보이익으로 조달하느냐는 배당정책에 의해 결정된다. 주주의 입장에서는 유보이익의 재투자수익률이 주주의 기회비용인 최저요구수익률을 초과하게 되면, 주주는 현금배당을 지급받는 대신에 배당금이 기업에 유보되어 재투자되기를 원할 것이다.

배당은 기업의 경영자 입장에서 자신의 능력과 기업의 성과를 과시할 수 있는 수단이라는 점에서 중요한 정보전달(signaling)의 기능을 가진다. 따라서 경영자는 일정 수준의 배당을 해야 하는 시장

압력을 받게 되고, 이는 간접적인 경영감시기능을 제공한다. 특히, 경영자는 기업 내부에 많은 잉여현금흐름(free cash flow)을 보유할 경우 수익성이 낮은 사업에까지 투자하여 기업가치를 감소시키는 경향이 나타날 수 있다. 배당은 이러한 대리인문제(agency problem)를 완화시키는 효과가 있다.

배당정책의 결정요인을 밝히고자 하는 연구들이 최근까지 꾸준히 진행되고 있다. Barclay et al.(1995)은 투자기회, 규제, 매출규모, 초과이익의 신호효과(signaling effect abnormal earning)에 의해 배당정책이 영향을 받는다고 주장하였다. Rozeff(1982)는 투자기회, 규제, 매출성장뿐만 아니라 내부자 주식 보유 수준에 따른 대리인문제도 배당정책에 영향을 줄 수 있다고 하였다. Casey and Theis(1997)는 석유산업의 예를 사용하여 대리인문제와 체계적 위험은 배당정책에 영향을 미치지만 매출규모와 신호효과는 영향을 미치지 않는다고 하였다. Dickens et al.(2003)은 은행산업을 대상으로 분석한 결과 투자기회, 신호효과, 소유구조, 체계적 위험이 배당성향과 관계가 있다고 하였다. Fama and French(2001)는 제조업을 대상으로 분석한 결과 기업규모, 성장성, 수익성, MB비율(Market-to-Book ratio) 등의 기업특성이 배당성향과 관계가 있다고 하였다.[1]

한편 La Porta et al.(2000)은 배당정책에 영향을 미치는 여러 요

---

[1] 대리인문제와 배당정책에 관한 국내 연구로는 육근호(1989), 주상룡(1993), 박광우·박래수·황이석(2005), 김성민·이은정(2008), 김도성·양준선·황승찬(2010), 이장우·지성권·김용상(2011), 박경서·변희섭·이지혜(2011) 등이 있다. 이밖에 여러 연구결과에 의하면 배당정책은 성장기회(Rozzeff, 1982; Fama and French, 2001; Farinha, 2003; 박광우·박래수·황이석, 2005), 수익성(DeAngelo et al., 1992; Jensen et al., 1992; Fama and French, 2001), 레버리지(Crutchley and Hansen, 1989; Farinha, 2003), 위험(Rozeff, 1982; Farinha, 2003), 세금(Brav et al., 2005; Pattenden and Twite, 2008), 기업규모(Keim, 1985; Allen and Michaely, 1995; Fama and French, 2001) 등에 의해 영향을 받는 것으로 분석되고 있다.

인 중의 하나인 투자기회는 많은 국가에서 다양한 형태로 영향을 미친다고 주장하였다. 결과모형가설(outcome model hypothesis)에 의하면 주주 권리보호의 과적인 결과로서 배당이 결정된다고 하였다. 투자자 권리보호가 양호한 국가에서는 성장기회가 배당성향에 부(−)의 영향을 미칠 것이다. 대체모형가설(substitute model hypothesis)에 의하면 배당은 주주에 대한 법적 보호 장치의 대안으로서 배당이 결정된다고 하였다. 투자자 권리보호가 취약한 국가에서는 성장기회가 배당성향에 정(+)의 영향을 미친다고 하였다. 33개국의 기업을 대상으로 실증 분석한 결과에 의하면 결과모형가설이 지지된다고 하였다.

La Porta et al.(2000)의 연구는 여러 국가의 기업들을 대상으로 투자기회가 배당정책에 미치는 영향을 주주 권리보호(shareholder protection) 수준에 따라 달라지는가를 분석한 것이다. 그런데 단일 국가 내에 있는 기업들 사이에서도 투자기회가 배당정책에 미치는 영향이 달라질 수 있는 체계적인 패턴이 존재할 수 있다. 주주의 권리를 보호하는 수준이 기업에 따라 다를 수 있기 때문이다. 개별 기업에서 주주 권리보호 수준은 각 기업의 지배구조 특성에 따라 다양하게 나타날 수 있다.

단일 국가 단위에서 기업지배구조가 배당정책에 주는 영향을 분석하는 연구로 진행되어 왔다. Gugler and Yurtoglu(2003)는 지배구조가 취약한 기업은 더 높은 배당을 지급함으로써 주주이익의 탈취(expropriation)를 완화하고 자신의 평판을 유지하고자 한다고 하였다. Jiraporn and Ning(2006)은 경영자 기회주의와 대체모형가설을 분석하였다. 그들의 연구는 결과모형가설을 지지했던 La Porta et al.(2000)의 연구결과와는 달리 대체모형가설을 지지하는 결과를 제시하였다. Lin and Shen(2012)도 대만기업을 대상으로 분석한 결과 대체모형가설이 지지된다고 하였다.

최근까지 기업지배구조가 배당정책에 미치는 영향에 관한 연구들은 주로 소유가 분산된 미국기업이나 영국기업을 대상으로 이루어져 왔다. 반면에, 소유가 집중된 형태의 소유구조를 갖는 기업들에 대한 연구는 많이 이루어지지 않고 있다. Claessens et al.(2000) 등의 연구에 의하면 동아시아지역 기업의 일반적인 형태인 높은 소유집중도와 소유지배괴리도는 기업의 지배구조와 관련된 법과 제도의 발전을 저해하고 부정적인 경제적 활동을 유발할 수 있다고 하였다.

이러한 배당정책과 관련된 국내 연구들은 기업지배구조와 배당정책, 기업지배구조와 투자기회 등의 개별적인 관계를 OLS 회귀분석법에 의해 분석하는 연구가 다수를 이루고 있다. 기업지배구조와 투자기회가 배당정책에 미치는 영향을 통합적으로 분석한 결과는 부족한 상황이다.

따라서 본 연구에서는 기업지배구조와 투자기회가 배당정책에 미치는 영향을 통합적으로 분석하고자 한다. 이를 위해 개체특성의 변동효과와 개체에 따른 시간특성의 변동효과를 복합적으로 반영할 수 있는 패널자료회귀분석 방법을 사용하여 분석한다. 또한 양호한 지배구조 혹은 취약한 지배구조라는 개별기업의 지배구조 특성이 배당정책의 결정구조와 연계되어 내생적(endogenous)으로 결정될 수 있기 때문에 지배구조의 선택 편의문제와 지배구조와 배당정책 간의 내생성문제를 동시에 해결할 수 있는 내생적 전환회

귀분석방법을 사용하여 분석한다. 이러한 방법론을 응용하여 기업
지배구조와 투자기회, 배당정책을 통합적으로 분석한다는 점에서
본 연구는 기존의 연구들과 차별성이 있을 것으로 생각한다.

한편 한국의 기업들은 미국과 같은 선진기업과 다른 제도적 환
경에 노출되어 있고, 일부 기업들은 주주 권리보호에 양호한 지배
구조를 갖추고 있는 반면에 일부기업은 취약한 지배구조를 형성하
고 있다. 따라서 선진기업과 다른 제도적 환경에 노출되어 있는 한
국기업을 대상으로 분석한 연구결과는 기업지배구조의 역할을 규
명할 수 있을 것이다.

2. 연구의 범위

본 연구는 한국기업의 배당정책이 기업지배구조와 투자기회에
의해 어떠한 영향을 받는지 분석하고자 한다. 먼저, 지배구조가 배
당정책에 미치는 영향을 분석하고, 둘째, 투자기회가 배당정책에
미치는 영향을 분석한다. 그리고 La Porta et al.(2000)의 연구에 기
초하여 한국이라는 단일 국가 내 기업을 대상으로 주주 권리보호
의 대용지표로 지배구조를 사용하여 결과모형가설과 대체모형가설
의 지지 여부를 분석한다.

투자기회와 배당정책의 관계를 연구하는 데 있어 한 국가의 법
적, 제도적 주주 권리보호 수준은 권리보호가 양호한 국가와 취약
한 국가로 분류하는 데 유용한 기준이 될 수 있다. 그렇지만 단일

국가 내의 기업을 대상으로 분석하는 데는 적합한 기준이 되기 어렵다. 따라서 본 연구에서는 주주 권리의 보호수준을 판단하는 기준으로 기업지배구조를 사용한다. 지배구조 특성에 따라 주주 권리보호가 양호한 기업(strong corporate governance firm, SCG)과 주주 권리보호에 취약한 기업(weak corporate governance firm, WCG)으로 분류하여 분석한다.

특히 이러한 분석을 위하여 한국의 외환위기가 완전히 회복된 기간인 2005년 이후 기간을 대상으로 패널자료회귀모형과 내생적 전환회귀모형을 응용하여 분석한다.

이러한 분석을 실시하는 데 있어 전체 표본기업을 대상으로 분석할 뿐만 아니라 한국기업의 특징적 현상인 가족경영 여부와 재벌경영 여부에 따라 그 특성을 분석하고자 한다. 즉 기업지배구조와 투자기회가 배당정책에 미치는 영향을 전체 표본기업뿐만 아니라 가족기업과 재벌기업에서도 어떻게 나타나는지를 분석해 보고자 한다. 표본자료는 한국거래소 유가증권시장에 상장되어 있는 총 4,915개 비금융업종 기업이고, 2005년부터 2013년까지의 9개년 자료를 이용한다.

본 책은 다음과 같이 구성된다. 제1장에서는 배당정책과 지배구조 및 투자기회 분석의 의의를 설명한다. 제2장에서는 배당정책과 지배구조 및 투자기회의 관계를 이론적 측면에서 설명한다. 제3장에서는 기업지배구조와 투자기회, 배당정책과 관련된 선행연구를 살펴본다. 제4장에서는 지배구조와 투자기회가 배당정책에 미치는 영향을 분석하기 위한 실증적 분석방법을 설명한다. 제5장에서는 지배구조와 투자기회가 배당정책에 미치는 영향을 분석한 결과를 제시한다. 제6장에서는 본 책의 전반적인 결론을 제시한다.

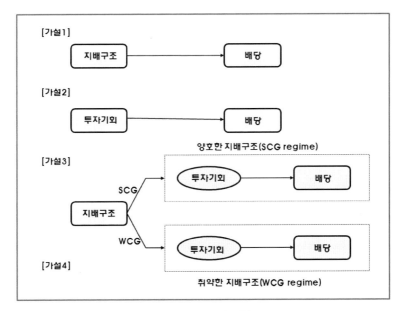

[그림 Ⅰ-1] 분석 모형도

제2장

배당정책과 지배구조 및 투자기회의 관계

1. 기업지배구조의 의의[2)

1) 기업지배구조의 정의

기업지배구조(corporate governance structure)의 개념은 기업의 방향 및 목표를 설정하고 경영진을 견제·감독하는 법적·제도적 메커니즘을 총칭한다. 기업지배구조는 기업조직의 특성, 시장, 국가의 법과 규제, 사회 환경 등 다양한 요인에 의하여 결정된다. 기업의 지배구조는 개별기업의 투자 및 경영 행태, 전략적 의사결정, 경영성과 등 기업 경영전반, 특히 기업경쟁력에 결정적인 영향을 미치는 요소이다. Williamson(1984)은 거래비용 관점에서 기업지배구조를 이해관계자 간의 효율적인 계약이행에 따른 메커니즘으로 보고, 경영자의 적정한

---

2) 김병곤·김동욱(2006), "한국기업의 지배구조 특성분석 및 개선방안에 관한 연구", 금융공학연구, 제5권 제1호, 179-203을 수정·보완하여 작성한 것임.

행위를 가능하게 하는 규율 메커니즘이라고 하였다. Alkhafaji(1989)는 기업지배구조를 조직의 운영에 관련되는 다양한 집단의 권리와 책임을 결정하는 권력 구조로 보고 기업에 대한 합법성의 기대, 기업의 작동방법, 경영자와 이사회의 전반적인 책임이 내포된다고 하였다. Sheridan and Kendall(1992)은 소유자의 장기 전략적 목표, 종업원의 이해관계, 환경과 지역사회의 요구, 고객과 공급자와의 원활한 관계, 법적 규제사항을 효과적으로 고려하여 충족시킬 수 있도록 기업을 통제, 작동, 구조화시키는 시스템이라고 하였다.

Charkham(1994)은 기업을 지휘하고 통제하는 시스템을 지배구조라고 하였다. Monks and Minow(1995)는 기업의 지배구조를 기업의 지휘와 성과결정에 참여하는 당사자 간의 관계구조라고 정의하였다. Shleifer and Vishny(1996)는 기업에 대한 자금공급자가 경영자를 통제하여 적정 투자수익을 얻는 방식을 다루는 구조 전체를 기업지배구조라고 하였다.

Blaine(1995)은 지배(governance)의 개념을 기업지배(corporate governance)와 경제거래의 지배로 구분하였다. 기업지배는 소유와 경영이 분리됨에 따라 발생되는 문제와 관련된 것으로, 경영자의 자기이익(self benefit) 추구를 억제하기 위해 구축된 구조와 과정을 의미한다고 하였다. 이 같은 견해는 대리인이론과 관련된다. 경제거래의 지배는 경제행위자 간의 재화와 서비스 교환을 조정하고 통제하는 제도를 의미한다고 하였다. 이 견해는 계약적 지배(contractual governance)의 개념에 기초하고 있다. Keasey, Thompson and Wright(1997)는 기업지배구조를 좁은 의미로는 주주에 대한 경영자 책임의 공적시스템이고, 넓은 의미로는 기업부문 및 그것이 영향을 주는 사회일반과 관련된 공식적, 비공식적 네트워크라고 하였다.

이상과 같은 논의를 종합해 보면, 기업의 지배구조란 특정의 제도적 환경하에서 기업을 둘러싸고 있는 이해관계자의 계약적 이해를 원활하게 조정하는 시스템이라고 할 수 있다. 특히 소유와 경영이 분리된 기업에 있어서는 경영자의 대리인문제에 대한 전반적인 규율 메커니즘의 성격을 갖는다고 볼 수 있다.

2) 기업지배구조의 구성요소

기업의 지배구조는 크게 다음의 두 가지 요소로 구성되어 있다. 첫째, 기업 내부 통제기구로서 주주총회, 이사회(대표이사, 사내이사, 사외이사), 감사(위원회) 등이 있다. 둘째, 기업 외부 통제기구로서 주로 시장에 의한 통제기능을 수행하는 기관투자자, 기업지배권시장(corporate control market), 경영자시장 등이 있다.

주주총회는 이사, 감사에 대한 임명권을 갖는 것은 물론 합병, 영업 양수도, 정관변경, 신주발행, 청산, 해산 등 회사의 중요한 사항에 대하여 의사결정권을 가지고 있다. 그러므로 주주총회가 그 기능을 제대로 수행할 수 있다면 합리적인 의사결정과 이를 집행하는 기업경영활동에 대한 감시·통제기능이 효과적으로 이루어질 수 있다. 그러나 우리나라 기업들은 소유구조상 대주주 1인에 소유지분이 집중되어 있는 경향이 강하므로 주주총회는 명목상의 행사에 그치고 있는 실정이다. 대기업의 경우 대부분 창업자나 그 가족이 지배적 주식지분을 보유하며 경영권을 세습하는 것이 관행화되어 있다.

이사회는 주주의 대리인으로서 기업의 경영목표와 전략을 결정하고 경영진과 이사를 효과적으로 감독할 책임이 있고, 최고경영자를 겸하는 대표이사는 이사회의 결정사항을 집행하는 경영층의 대표자가 된다. 이사회를 구성하는 이사는 주주총회에서 선출되며, 이사회가 대표이사를 선출한다. 이사회는 대표이사의 업무집행을 감독하며, 대표이사가 업무집행을 불성실하게 하거나 부정직하게 한 경우에는 해임할 수 있다.

그러나 우리나라의 기업 현실에서는 주주의 이해를 대표하는 이사들이 선출되어 이들이 대표이사를 선임하는 경우는 극히 드물다. 오히려 대주주인 실질적인 기업소유자가 대표이사로 취임하여 그의 의중에 따라 이사를 선임하는 것이 일반적이다. 따라서 이사들의 대표이사 선임권은 형식적인 요식행위에 머무는 경우가 많다.

우리나라 기업의 이사회에서 사내이사의 비중은 감소하고 있는 반면 사외이사의 비중은 증가하고 있다. 이는 이사회 내 사외이사 의무비율 증가와 감사위원회 위원 수의 증가에 기인한다.

사외이사제도는 회사의 업무집행을 직접 담당하였거나 관여해 온 이사들만으로는 경영진에 대한 실질적인 감독기능을 수행하기가 어려워 경영진에 대한 실질적인 감독을 통하여 기업경영의 투명성을 높이기 위하여 도입된 제도이다. 정부투자관리기본법, 은행법, 증권거래법 등에서는 1998년부터, 상법에서는 2009년부터 규정이 신설되었다. 2012년 4월부터 상법 시행령 개정으로 인하여 사외이사는 상장·비상장회사 구분 없이 2개 회사의 이사, 집행임원, 감사로 재직하지 못하게 되었다. 한 사람이 다수 상장·비상장 회사의 사외이사직을 겸직함으로써 사외이사직 수행에 충분한 시간

을 투입하지 못하거나 이해상충의 문제를 발생시키는 경우가 없지
않았기 때문이다.

<표 II-1> 사외이사제도 연혁

연월	주요 내용	관련 규정
1998. 2.	· 상장법인 사외이사 선임 의무화(이사회 총수의 1/4 이상, 최소 1인 이상)	유가증권 상장규정
1999. 9.	· 기업지배구조 개선 위원회에서 기업지배구조모범규준 제정	기업지배구조 모범규준
2001. 3.	· 코스닥 상장법인 선임 의무화(자산 1천억 원 미만 벤처기업 제외) · 자산 2조 원 이상과 금융기관은 이사 총수의 1/2 이상	증권거래법
2003. 2.	· 사외이사 수 최소 2인 이상 · 자산 1조 원 이상은 최소 3인 이상	기업지배구조 모범규준
2003. 12.	· 자산 2조 원 이상 주권상장법인 또는 코스닥 상장법인 3인 이상 및 이사 총수의 과반수	증권거래법
2009. 1.	· 자산 2조 원 이상 상장회사: 3인 이상 및 이사 총수의 과반수 · 일반 상장회사: 이사 총수의 1/4 이상 · 사외이사후보추천위원회 도입	상법
2012. 4.	· 상장회사의 사외이사는 상장비상장 구분 없이 2개사의 이사, 집행임원, 감사로 재직금지(비상장회사의 사외이사는 다른 비상장회사의 이사, 집행임원, 감사 재직 가능) · 법 시행 후 최초로 개최되는 주주총회에서 기존의 위배되는 사항은 시행령에 합치되도록 사외이사를 선임하여야 함.	상법 시행령

자료: 한국지배구조원(2012), 기업지배구조 백서의 내용을 수정·보완한 것임.

기업의 이사회에서 사외이사의 비중이 높을수록 경영진에 대한
견제기능이 강화된다고 할 수 있다. 우리나라 유가증권시장에 상장
된 기업의 사외이사비율이 2013년 3월 현재 42.05%이고, 코스닥
상장기업의 경우는 35.74% 수준으로 지속적으로 증가하는 추세이
다. 제도적으로는 사외이사에 의한 경영진의 견제기능이 강화되고
있다고 할 수 있다.

<表 II-2> 사외이사 선임비율

(단위: %)

구분	2007년	2008년	2009년	2010년	2011년	2012년	2013년
유가증권시장	36.87	36.84	38.14	38.61	39.13	40.01	42.05
코스닥 시장	21.30	23.97	25.42	27.09	26.55	27.20	35.74

자료: 한국지배구조원(2012), 기업지배구조 백서; 전국경제인연합회(2013), 사외이사 과반수 선임대상 범위확
대 법률안 검토의견.

그러나 현실적으로는 이사회 구조의 변화에도 불구하고 사외이
사의 독립성 부족으로 경영진에 대한 이사회의 견제나 감시기능은
미약한 실정이다.

감사의 기업에서 주된 임무는 이사에 대한 직무감사와 회계감사
로 이사회의 의사결정이나 경영활동을 감시·통제하는 기능을 수
행한다.3) 그런데 우리나라 기업에 있어서는 감사가 이사회가 승인
한 재무제표를 감사하고, 이사의 업무집행을 감시하기는 힘든 실정
이다. 상법상으로는 감사의 독립성을 확보하기 위해 감사가 회사의
이사나 지배인을 겸할 수 없도록 규정하고 있다. 또한 지배대주주
가 감사선임을 좌우할 수 없도록 3%를 초과하는 주식에 대해서는
의결권을 제한하도록 규정하고 있다.

그러나 소수주주권의 행사가 제한적이고, 일반주주들이 의결권행
사에 관심을 갖지 않는 현실을 고려할 때, 대주주는 보유주식을 분
산시키는 등의 방법으로 자신이 원하는 인물을 감사로 선임할 수 있

---

3) 상법(제409조)에서 감사선임 사항을 규정하고 있고 동법 제542조의 10과 동법 시행령 제36조에
서 사업연도 말의 자산 총액이 1천억 원 이상의 등록법인인 경우 1인 이상의 상근감사를 두도
록 규정하고 있다. 상법에서는 감사 또는 감사위원회를 선택하여 설치할 수 있도록 규정하고 있
으나, 자본시장과 금융투자업에 관한 법률 등 금융 관련 법률에서는 대형 상장법인(총자산 2조
원 이상), 대형 금융회사 및 대형 금융지주회사(은행, 보험: 총자산 2조 원 이상, 투신: 수탁고 6
조 원 이상)의 경우 감사(상근감사)를 대체하는 감사위원회의 설치를 의무화하고 있다. 감사위원
회 위원의 2/3 이상을 사외이사로 구성하고, 감사위원회 위원장은 사외이사이어야 한다.

다. 따라서 감사는 대표이사 등의 이사로부터 독립성을 확보하기 어렵고, 이에 따라 그 기능을 제대로 수행하지 못하는 것이 현실이다.

외부감사인 제도는 주식회사에서 회계처리를 적정하게 하도록 하여 이해관계인을 보호하고, 기업의 건전한 발전을 도모하기 위해 시행하는 제도로 기업의 투명성과 건전성을 제고시키는 데 기여할 수 있다.[4] 외부감사제도에서 중요한 것은 외부감사인의 독립성이다. 그러나 외부감사인의 능력이 그들의 고객 수로 판단되어 많은 고객을 확보하는 것이 중요시 되는 상황에서 외부감사인은 회사 측에 불리한 의견을 내기보다는 회사 측의 요구를 반영하여 감사 의견을 냄으로써 고객관계를 유지하려는 것이 현실이다.

그리고 이들 외부감사인의 선정은 감사위원회가 있는 기업에서는 감사위원회에서, 감사위원회가 없는 기업에서는 감사인선임위원회를 설치하여 외부감사인을 선임하도록 되어 있으나 현실적으로 대표이사의 의중이 반영되어 외부감사인의 독립성이 저해되는 부분이 있다. 또한 낮은 감사수수료와 집중된 연말결산은 감사시간을 충분히 확보하지 못하게 함으로써 충실한 감사를 저해하는 요인이 되고 있다.

---

[4] 우리나라 기업의 경우 자산총액이 100억 원 이상인 주식회사는 회사와 독립된 외부 감사인에 의해 외부감사를 받아야 한다(주식회사의 외부감사에 관한 법률 제2조, 주식회사의 외부감사에 관한 법률시행령 제2조).

<표 II-3> 감사위원회 설치현황

a. 유가증권

구분	2007년	2008년	2009년	2010년	2011년	2012년
기업 수	145	156	192	205	208	236
비율(%)	21.39	22.77	27.20	29.71	31.14	33.24

b. 코스닥시장

구분	2007년	2008년	2009년	2010년	2011년	2012년
기업 수	22	34	41	42	45	54
비율(%)	2.28	3.34	3.97	4.39	5.32	6.07

자료: 한국지배구조원(2012), 기업지배구조 백서.

기관투자자에는 은행, 투자신탁회사, 보험회사, 증권회사, 연금기금, 각종 재단 및 기타 금융기관 등이 있다. 기관투자자는 자산운용시 분산투자를 통한 리스크관리가 용이하고 주식의 장기보유가 가능하여 안정적인 주주로서의 역할을 할 수 있다. 이것을 바탕으로 기관투자자들은 기업정보를 보다 용이하게 확보할 수 있고, 우월적인 입수 정보 분석능력도 보유할 수 있다. 또한 보유주식 비중이 상대적으로 높고, 대상회사에 대한 정보의 수집과 분석에 상당한 비용을 부담할 수 있기 때문에 경영활동에 상당한 영향력을 행사할 수 있다. 따라서 주주들의 이익을 반영하지 못하고 기업경영성과가 좋지 못한 경우에는 경영진에 그 책임을 묻고, 효율적인 경영을 촉구하여 기업가치의 증대를 유도할 수 있다. 이처럼 미국을 비롯한 선진국에서는 기업의 외부통제시스템으로 은행 등 기관투자자들이 중요한 역할을 담당하고 있다.

기업이나 경영자에 대한 규율과 통제에 있어서 경쟁적 시장환경은 중요한 역할을 할 수 있다. 금융시장 및 기업인수시장으로부터

가해지는 압력은 기업경영의 효율성을 제고시키는 데 기여할 수 있다. 기업은 이러한 압력에 대응하기 위한 생존전략으로 원가절감이나 생산성 향상 등 기업의 주가에 영향을 미칠 수 있는 여러 가지 경영혁신 방안을 채택하고 이를 달성하기 위해 노력하게 되어 결국 기업 전체의 경영성과를 높일 수 있다.

물론 이러한 기업인수시장이 활성화되는 경우에는 기업의 비효율성을 초래할 가능성도 있다. 경영진이 외부의 적대적 M&A 시도에 대응하기 위해 자사주 매입, 주요 자산 매각 등 무리한 M&A 방어수단을 사용한다면 많은 비용이 발생하고, 기업자금을 비효율적으로 남용함으로써 주주의 이익을 침해할 수도 있다.

현재 우리나라의 경우 외부적인 경영감시 장치로서 금융시장 및 기업인수시장의 기능은 외국에 비해 그 기능이 미약하다. 1999년 이후 국내 M&A 시장이 다소 활성화되고, 외국인에 의한 적대적 기업인수 시도 등이 증가하면서 시장에 의한 경영견제기능이 향상되고 있지만 아직까지 충분히 그 역할을 수행하고 있다고는 할 수 없다.[5] 소유경영자의 실질적인 높은 지분율, 기업의 배타적인 그룹 경영체제, 자본시장의 미발달 등이 시장에 의한 경영감시기능을 약화시키는 요인이 되고 있다.

기업경영을 감시할 수 있는 또 다른 실체로서 경영자시장의 중요성을 들 수 있다. 기업 내·외부의 경영자시장은 경영자들을 규율

---

5) 현재 우리나라에서 지배주주가 아닌 제3자가 회사의 지분을 매입하고, 경영권을 인수하는 것과 관련된 제도로는 크게 주식대량보유(변동) 상황보고(소위 5% 룰)와 공개매수제도가 시행되고 있고, 기업이 공개매수를 방어하기 위한 주식발행이 가능하도록 하고 있다. 또한 경영권 방어 장치로 활용될 수 있는 황금낙하산, 이사해임요건강화 등에 대해서는 법률적 제한을 두지 않고 있다.

함으로써 경영진의 이해와 주주의 이해를 일치시킬 수 있다. Fama and Jensen(1993)은 이러한 경영자시장의 경영감시기능은 기업의 내부와 외부에서 모두 일어날 수 있다고 하였다. 기업 내부에서 이루어지는 경영진에 대한 감시는 직위의 계층구조에 의해 이루어지고, 기업 외부에서 이루어지는 경영진에 대한 감시는 다른 회사로 이직하려는 경영자의 시도와 경영자의 경영성과에 근거한 보상 및 상벌제도에 의해 이루어진다고 하였다.

경영자시장이 효율적으로 작동하면 기업의 성과는 노동시장에서 각 경영자의 기회임금을 결정하며, 경영자의 과거 성과정보는 그의 미래 직무 담당기회에 영향을 미친다. 또한 경영자시장을 통해 경영자 간에 상호감시가 이루어지게 되어 경영자를 규율하는 기능을 발휘하게 된다.

그러나 우리나라의 경우 경영자시장의 기능은 아직 미흡한 실정이다. 일부 대기업을 제외하면 대부분의 경영진에 대한 보상은 경영성과를 충분히 반영하지 못하고, 경영진의 재취업도 매우 어렵다. 이러한 상황에서 미국 등과 같은 수준의 경영자시장의 경영감시기능을 기대하기는 어려운 실정이다.

3) 외국의 기업지배구조[6]

세계 주요 국가들의 기업지배구조는 다양한 형태로 분류되고 있다. 분류의 강조점에 따라 Anglo-Saxon과 Rhineland모형, 주주모형

---

6) 김병곤·곽철효·정정현(2013), 『현대재무관리』, 법문사, 650-652에서 인용.

과 이해관계자모형, 외부자모형과 내부자모형 등으로 구분되고 있다. 그러나 같은 모형 내에서도 다양성이 존재한다. 일반적으로 Anglo-Saxon모형, 주주모형, 외부자모형의 특성은 주로 미국과 영국기업의 지배구조에서 많이 나타난다. 반면에 Rhineland모형, 이해관계자모형, 내부자모형의 특성은 독일과 일본기업의 지배구조에서 많이 나타나고 있다.

(1) 미국

미국기업의 지배구조는 주식분산소유, 유동성이 큰 주식시장, 유연한 노동시장, 기관투자자의 적극적인 역할, 활발한 인수시장 등으로 자유시장 지향적 시스템이라고 할 수 있다. 경영자에 대한 규율은 주로 외부시장에서의 성과압력을 통해 이루어진다.

미국기업의 지배구조에서 가장 큰 특징은 이사회 및 주주총회 중심의 지배구조를 형성한다는 것이다. 이사회를 구성하는 이사회 멤버와 기업의 경영업무를 담당하는 집행임원(executive officer)의 역할을 엄격하게 구분하고 있다. 또한 기업 및 경영진과 독립성을 가지고 있는 사외이사들이 이사회의 이사 중 과반수를 초과하여 참가하고 있다. 주주총회에서 선임하는 감사가 없는 대신, 사외이사로만 구성된 감사위원회에서 경영의 감독과 감시업무를 맡고 있다. 따라서 법제상 이사회가 업무집행기능과 감독기능을 통합해 운영한다는 점에서 일원적 이사회 구조(single board system)라고도 불린다.

이밖에 연방법인 증권거래법과 증권거래위원회(SEC)의 각종 규정, 뉴욕증권거래소를 비롯한 자율규제기관(SRO)들이 제정해서 운영하는 자율규제가 기업의 지배구조를 규율하고 있다.

(2) 영국

영국은 미국과 같은 시장 중심의 지배구조로, 증권시장의 역할이 크고 내부적으로는 이사회가 경영통제의 핵심기능을 수행하고 있다. 영국은 유럽대륙의 다른 국가들과는 달리 소유 및 의결권이 분산돼 주주의 힘이 약한 반면, 경영진(상임이사)의 권한은 강하다. 종업원의 경영 참여는 제도화되어 있지 않고 종업원의 권리 역시 유럽연합(EU) 규정 범위 내에서 가급적 최소한으로 허용되고 있다.

(3) 독일

독일기업의 지배구조는 주식소유집중, 자본시장 및 기관투자자의 역할 한계, 경직적 노동시장 등의 특징을 갖는 사회적 시장경제 체제를 전제로 하고 있다. 주주의 가치 극대화보다는 이해관계자들 전체의 이익을 중시한다. 장기적 거래관계에 있는 기업 내부 이해관계자들 간의 협상을 통해 경영자에 대한 규율이 이루어진다.

독일기업의 이사회는 경영이사회(management board)를 감독이사회(supervisory board)가 감시하는 시스템으로 구성되어 있다. 감독이사회는 경영정책 결정기능을 수행하며, 전원이 사외이사로 구성되어 경영이사를 임명하고 감독하는 권한을 가진다.

감독이사회는 해당 기업과 업무상 또는 재무상 관계가 있는 기업 또는 금융기관이 파견한 대표 및 근로자 대표 등으로 구성되어 회사의 전략 및 중요 의사결정에 대한 감독감시기능을 수행함으로써 경영진에 대한 견제 역할을 수행한다. 경영이사회는 경영실무에 대한 집행업무를 담당하는 전문경영자들로 구성되며, 경영이사들은 감독이사회의 이사와 겸직하지 못한다. 경영이사회는 경영정책, 방침, 경영실적 등을 정기적으로 감독이사회에 보고해야 한다.

(4) 일본

일본은 지난 50년 동안 20여 차례 이상 상법이 개정되면서 일본식 지배구조의 틀이 마련되었다. 특히 일본은 2003년 4월 기업지배구조와 관련된 제도를 손질하면서 개별 기업들에 CEO보다 많은 사외이사를 두는 미국식 이중 경영구조를 채택하거나, 법정 감시인에 의한 감시활동을 하는 기존 지배구조 중 알맞은 것을 선택할 수 있도록 했다.

최근 일본기업은 미국식 이사회제도를 접목시켜 새로운 일본식 이사회를 구성하고 있다. 일본기업의 이사회에는 사외이사가 참가하고 있지만 전체 이사회에서 차지하는 비중은 미국의 경우에 비해 적다. 또한 이사회에 참가하는 집행임원의 수를 많이 줄이고 있는 추세이지만, 미국의 경우처럼 이사회 멤버와 집행임원의 역할이 명확하게 분리되어 있지는 않다. 따라서 사외이사들은 직접적인 경영 감시·통제 역할을 수행하기보다는 주로 그들의 전문적 지식이나 경험을 바탕으로 기업 경영에 자문과 조언을 하는 역할을 수행하고 있다.

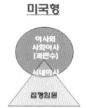

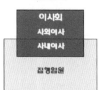

미국형
이사회
사외이사
(과반수)
사내이사
집행임원
독일형
감독이사회
: 사외이사로
구성
경영이사회
: 전문경영인
(집행임원)
일본형
이사회
사외이사
사내이사
집행임원
이사회 멤버와 집행임원의 역할 엄격하게 구분
사외이사가 이사회 총 이사의 과반수 초과
사외이사 만으로 구성된 감사위원회
감독이사회 : 경영정책 결정 기능수행 + 경영이사 임명 및 감독
경영이사는 경영정책, 방침 및 경영실적을 감독이사회에 정기적으로 보고
경영이사는 감독이사회의 이사와 겸직 못함.
사외이사의 비중이 미국에 비해 적음
이사회 멤버와 집행임원의 역할 분리 미흡
사외이사는 경영감사, 통제 역할 보다는 경영조언과 자문역할

[그림 II-1] 주요국의 이사회구조 비교

자료: 강효석 외(1998), 『기업구조조정론 - 가치창조경영의 전략방안』, 홍문사, 210을 수정·보완한 것임.

2. 투자기회의 의의

1) 투자와 투자기회

투자란 향후 실현될 수익을 기대하고 투자자금을 지출하는 것을 말한다. 즉 현재 투자한 가치보다 더 많은 수익을 미래에 올려서 투자효과를 올릴 수 있을 때에만 비로소 자금을 지출하게 된다.

이와 같은 투자의 정의에는 시간적인 개념과 비용 및 수익의 개념이 포함되어 있다. 현재 투자자금이 지출되면 바로 현금이 유출되고 자본비용이 발생되기 시작한다. 현재 보유하고 있는 투자금을

가지고 예금을 하게 되면 이자수입이 발생하게 되고, 또 기타 자산에 투자하면 수익을 얻을 수 있으므로 투자에는 기회비용이 뒤따르게 된다.

투자는 투자액보다 더 큰 성과를 기대하고 이루어진다. 투자금은 일시에 성과의 형태로 유입되는 것이 아니고 투자기간 동안에 걸쳐서 여러 차례 나누어 유입된다. 따라서 투자금이 지출되는 시기와 투자성과가 유입되는 시기에 차이가 있으므로 화폐의 시간가치(time value of money) 문제가 생긴다.

투자에서는 투자성과가 투자금보다 더 커야만 성공적인 투자라고 할 수 있다. 그런데 투자액보다도 작은 성과가 투자기간 동안에 회수될 수도 있는데 이때에는 손실을 보게 된다. 즉 투자의 성과에 대해서는 정확히 예측하기 어려우며 투자성과에 대한 위험과 불확실성이 존재하므로 투자의 위험성도 중요한 문제라고 할 수 있다.

투자기회(investment opportunity)는 투자수익률이 자본비용을 초과하여 부가가치를 창출하는 투자안이 존재하는 상황을 말한다. 즉 투자기회가 많다는 것은 자본비용 이상의 수익을 창출할 수 있는 미래의 성장기회가 존재한다는 것을 의미한다.

이러한 투자기회는 경영자유인과 기업정책선택에 영향을 주는 것으로 알려져 있다. 즉 투자기회는 기업의 자본구조에 영향을 미칠 뿐만 아니라 부채의 만기나 계약조항, 배당정책, 보상계약, 회계정책 등에도 영향을 미치는 요인으로 인식되고 있다(Rajan and Zingales, 1995; Smith and Watts, 1992; Billett, King and Mauer, 2007).

Smith and Watts(1992), Gaver and Gaver(1993)는 성장기업은 비성장기업에 비해 부채비율과 배당성향이 낮은 특징이 있다고 하였다. 성장옵션(growth options)을 많이 가진 기업은 채권자와 경영자 간에 발생할 수 있는 대리인문제를 감소시키기 위해 부채보다는 자기자본에 의한 자금조달을 선호하는 경향이 있다고 하였다. 또한 성장기업은 투자기회를 활용하기 위하여 배당보다는 내부유보를 선호하는 경향이 있다고 하였다. 뿐만 아니라 성장기업은 비성장기업에 비해 경영자에게 더 높은 수준의 보상을 지불한다고 하였다. 이러한 성장기업과 비성장기업 간에 발생하는 기업정책의 차이는 기업의 투자기회에 의해 영향을 받는다고 하였다.

2) 투자기회의 측정지표

투자기회는 외부자(outsiders)에 의해 관측이 되지 않기 때문에 일반적으로 대용변수(proxy variable)에 의해 측정하는 방법이 사용된다. 여기서는 외부자에 의해 관측이 가능한 가장 일반적으로 사용되는 투자기회변수들에 대해 살펴본다.[7]

(1) MB비율

자산의 시장가치 대비 장부가치 비율(market-to-book assets ratio, MB비율)은 토빈의 Q(Tobin's Q)비율과 연관성이 높은 측정치로 투자기회의 대용변수로 가장 일반적으로 사용되고 있다. 자산의 장부가치는 보유자산에 대한 대용치인 반면에, 자산의 시장가치(market

---

7) T. Adam and V. K. Goyal(2008), "The Investment Opportunity And Its Proxy Variables", Journal of Financial Research, 31, 41-63.

value of asset)는 보유자산과 투자기회의 대용치라고 할 수 있다. 따라서 높은 MB비율은 기업이 보유하고 있는 자산에 비해 많은 투자기회가 존재한다는 것을 나타낸다. Smith and Watts(1992), Hu and Kumar(2004), DeAngelo, DeAngelo and Stulz(2006), Adam and Goyal(2008), Ferris and Unlu(2009) 등은 투자기회의 대용변수로 MB비율이 적합하고, MB비율이 높을수록 투자기회가 많다는 것을 의미한다고 하였다.

그런데 이 대용변수는 이론적으로는 명확하지만, 투자기회의 대용변수로 사용하는 데 몇 가지 실증적 결함을 가지고 있다. 첫째, 자산의 시장가치를 측정하기 위해서는 부채의 시장가치를 평가하는 것이 요구된다. 그런데 부채는 보통 공개적으로 거래되지 않는 경향이 있다. 둘째, 자산의 장부가치는 자산의 대체가치(replacement value of assets)와 반드시 동일하지는 않는다. 셋째, MB비율(또는 Tobin's Q)은 기업성과, 무형자산, 경영의 질, 대리인문제, 기업가치와 같은 여러 변수에 대한 대용변수로도 사용된다. 그래서 이 대용치에 성장기회의 대용치로서의 가치가 남아 있는지가 불명확하다.

(2) ME/BE비율

자기자본의 시장가치 대비 장부가치 비율(market-to-book equity ratio, ME/BE비율)은 투자기회의 대용변수로 두 번째로 많이 사용되는 지표라고 할 수 있다(Lewellen, Loderer and Martin, 1987; Collins and Kothari, 1989; Chung and Charoenwong, 1991; Graham and Rogers, 2002). 자기자본의 시장가치는 보유 중인 자산과 미래

의 투자기회로부터 주주에게 들어올 모든 미래현금흐름의 현재가
치라고 할 수 있다. 반면에, 자기자본의 장부가치는 기존 자산에서
발생하는 누적가치(accumulated value)를 나타낸다. 따라서 ME/BE
비율은 보유자산과 미래 투자기회로부터 발생하는 현금흐름을 측
정하는 지표라고 할 수 있다.

ME/BE비율은 부채의 시장가치에 대한 정보를 요구하지 않는다
는 점에서 MB비율에 비해 유용한 장점을 가지고 있다. 그렇지만
ME/BE비율도 MB비율과 마찬가지로 기업성과와 같은 다른 대용변
수로도 사용될 수 있다는 점에서는 한계를 가지고 있다. 또한 ME/BE
비율이 레버리지에 의해 영향을 받는다는 것도 대용지표로서 한계
를 가질 수 있다. 자본구조 관련 많은 연구에서 레버리지 자체는
투자기회의 함수라고 하였다(Rajan and Zingales, 1995; Frank and
Goyal, 2003, 2005). 만약 성장기회가 낮은 기업이 현재의 자본구조
에서 더 많은 부채를 선택한다면 성장기회에 의해 나타날 수 있는
ME/BE비율보다 더 높게 나타날 수 있다. 또 한편으로 자기자본이
부(−)인 기업에 있어 ME/BE비율은 부(−)로 나타나서 투자기회의
측정에 의미가 없기 때문에 분석에서 표본을 제외시켜야 하는 한
계가 있다.

(3) EP비율

수익주가비율(earnings-price ratio, EP비율) 혹은 그 역수인 주가수
익비율(price-earning ratio, PER)은 세 번째로 자주 사용되는 투자기회
의 대용변수라고 할 수 있다. Chung and Charoenwong(1991)은 EP비

율이 높다는 것은 주주가치(equity value)의 많은 부분이 성장기회보다는 현재 보유 중인 자산에 의해 발생하는 것이라고 주장하였다. 즉 현재의 이익은 보유 중인 자산에 의해 발생하는 현금흐름의 대용치이고, 자기자본의 시장가치는 보유자산과 미래 투자기회에 의해 발생하는 모든 현금흐름의 현재가치를 반영하는 것이라고 하였다.

EP비율의 실증적 이점은 ME/BE비율의 계산처럼, 식별하기 어려운 부채의 시장가치를 측정하지 않아도 된다는 것이다. 하지만 기업이 수익이 발생하지 않거나, 수익이 마이너스인 경우에는 EP비율이 투자기회를 측정하는 유용한 지표가 되지 못한다는 약점이 있다. 뿐만 아니라 EP비율은 성장기회의 대용변수뿐 아니라 이익성장 지표, 위험 측정치 또는 수익자본환원율(earnings capitalization rate) 등으로도 해석되고 있다(Penman, 1996). 더욱이 EP비율은 레버리지에 의해 영향을 받는다.

마지막으로, Penman(1996)은 ME/BE비율과 EP비율 간에 상관관계가 낮다고 하였다. 현재 수익은 때로는 장기 기대가치에서 일시적으로 벗어나기도 하기 때문에 EP비율이 낮다고 하여 기업이 항상 좋은 투자기회를 가진다는 것을 의미하는 것은 아니라고 하였다.

(4) CAPX/PPE비율

순유형고정자산에 대한 자본지출 비율(capital expenditure to net plant property and equipment ratio)도 투자기회의 대용지표로 사용된다. 이 변수가 투자기회의 대용변수가 될 수 있는 것은 자본지출(capital expenditures)이 대체로 임의적이고 새로운 투자기회의 획득으로 이어질 수 있기 때문이다. 예를 들어, 매장 광물을 개발함으로써 기업은 금속을 추출할 수 있는 선택권을 가질 수 있다. 즉 투자를 더 많이 하는 기업은 투자를 적게 하는 기업보다 더 많은 투자기회를 가질 수 있다는 것이다.

3. 배당정책

1) 배당정책의 의의[8]

배당은 출자자에게 출자자본의 보수로 지급되는 이익의 배분을 말한다. 일반적으로 배당은 주주에게 지급되는 이익의 정기적인 배분을 의미한다. 다시 말해서, 기업의 영업이익 중에서 부채의 사용 대가인 이자와 법인세를 차감하고 남은 순이익에서 우선주주와 보통주주에게 지급되는 이익의 배분을 배당이라고 한다.

보통주의 배당은 현금배당을 원칙으로 한다. 그러나 기업의 투자여건과 자본사정에 따라 주식배당, 자사주 매입 혹은 배당을 하지 않고 이익을 사내에 유보시킬 수도 있다.

좁은 의미에서의 배당은 현금배당과 주식배당을 의미하지만, 넓은 의미에서 보면 유·무상증자, 자사주매입 등도 배당에 포함될 수 있다. 실제로 많은 기업들이 현금배당이 여의치 않을 경우 유상증자나

---

8) 김병곤·곽철효·정정현(2013), 『현대재무관리』, 법문사, 419-420.

무상증자, 자사주 매입과 같은 간접적인 배당수단을 통하여 주주들에게 직접적으로 배당을 지급하는 것과 유사한 효과를 거두고 있다.

배당정책(dividend policy)은 투자결정, 자본조달결정과 함께 재무관리의 주요한 기능 중의 하나로서 기업가치의 최대화 목표가 효과적으로 달성될 수 있도록 수행되어야 한다. 배당지급 수준에 대한 지표로는 배당수익률, 배당률, 배당성향 등이 있다. 배당수익률(dividend yield)은 주당 배당금을 주가로 나눈 값으로서 투자자 입장에서 볼 때 투자액 대비 배당수익을 나타낸다. 배당률(dividend rate)은 배당금을 자본금으로 나눈 비율을 말한다. 배당성향(dividend payout ratio)은 법인세 차감 후 순이익에 지급하는 배당액의 비율을 말하며 배당지급률이라고도 한다.

배당지급 수준의 결정은 동시에 유보율의 결정을 의미한다. 배당지급수준을 높여 배당액을 많이 지급하면 주주의 현금수익은 증가하지만 기업의 유보이익은 감소된다.

배당정책은 현재 지급되는 배당수준에 대한 주주의 기대와 유보이익의 성장에 대한 주주의 기대 사이에 적절한 균형점을 찾아 주가가 최대화될 수 있도록 수립되어야 한다. 그 이유는 배당의 성장목표와 유보이익에 의한 기업의 성장목표가 주가에 미치는 영향은 서로 상반되므로 이들의 균형점을 찾는 것이 매우 중요한 재무정책이기 때문이다.

2) 배당정책 결정요인에 관한 이론

배당에 관한 연구는 Miller and Modigliani(1961)의 배당무관련이론 이후 완전자본시장 가정을 완화한 다양한 연구가 주류를 이루고 있다.

배당에 대한 전통적 견해는 투자자들은 사내유보로부터 얻어지는 미래의 불확실한 수입보다는 현재 확정된 수입인 배당을 선호하게 된다는 것이다. 즉 미래 투자자금을 조달하기 위해 배당을 줄이면 기업의 성장성은 높아지지만, 미래수익은 불확실하고 명확한 예측이 어려우므로 투자자들은 현재의 확실한 배당을 선호한다는 것이다. 이러한 이유로 Graham and Dodd(1961), Gorden(1959) 등은 배당의 증가는 주가의 상승을 가져온다고 하였다.[9]

그러나 현재의 배당은 확실하고 미래에 받게 되는 배당은 불확실하다는 전통적인 견해는 불확실성하의 재무의사 결정이론에 의해 반론에 부딪히게 된다.

Miller and Modigliani(1961)는 기업가치는 오로지 투자결정과 자산의 수익력에 의해 결정되고 배당정책과는 무관하다는 무관련이론을 주장하였다.[10] 그들은 기업가치가 배당과 내부유보 간의 조합에 의해 변화하는 것은 아니라고 하였다. Miller and Modigliani는 완전자본시장(perfect capital market)이 존재하고, 투자자는 이성적

---

9) B. Graham, D. Dodd and S. Cottle(1961), Security Analysis, Homewood, Irwin.
   M. Gordon(1959), "Dividends, Earnings and Stock Prices", Review of Economics and Statistics, 41(2), 99-105.

10) M. Miller and F. Modigliani(1961), "Dividend Policy, Growth and the Valuation of Shares", Journal of Business, 34, 411-433.

으로 행동(rational behavior)하며, 투자자는 기업의 모든 투자계획과 미래의 이익에 대하여 확실하게 알고 있다는 가정하에 잔여배당이론에 기초하여 배당정책과 주가의 무관련성(irrelevance of dividend)을 주장하였다.

기업이 일단 투자결정을 내리게 되면 이에 따라 자본조달의 방법을 결정하여야 하는데, 주가는 자본조달의 방법에 상관없이 동일하다는 것이다. 다시 말해서, 기업은 현금배당으로 인한 유동자금 부족 때문에 투자활동에 필요한 자본을 외부로부터 조달하게 되면 주가도 하락한다. 그러나 주주의 입장에서는 비록 주가가 하락하였다 할지라도 이미 현금배당을 지급받았기 때문에 그들의 부(wealth)에는 아무런 변동이 없다는 것이다.

따라서 주주의 부는 현재 및 미래의 배당결정에 의해 영향을 받지 않고, 오직 기업의 기대이익에 의하여 좌우된다고 하였다. 결론적으로 배당지급수준 이외의 모든 조건이 동일한 두 기업의 시장가치와 현재의 배당액을 합계한 가치는 차익거래와 완전한 확실성의 가정에 의하여 동일하다고 주장하였다.

그러나 실제 금융시장은 완전자본시장 가정과 달리, 대리인비용, 비대칭정보, 고객효과, 재무적 곤경과 같은 시장불완전요인들이 존재하기 때문에 이러한 시장불완전요인들을 고려한 연구들이 이루어지고 있다.

대리인이론과 관련하여 이해일치가설과 경영자안주가설, 경영자기회주의가설과 대체가설 그리고 여유현금가설이 제기되었고, 신호이론과 관련하여 정보효과가설, 기업성숙가설이 제기되었다.

(1) 대리인이론

Jensen and Meckling(1976)은 대리관계를 "1인 이상의 사람(본인, principal)이 다른 사람(대리인, agent)에게 자신을 대신하여 의사결정을 할 수 있도록 의사결정권한을 위임한 계약관계"라고 정의하였다. 이러한 대리관계에서는 본인이나 대리인은 모두 자신의 효용을 극대화하는 과정에서 두 집단의 이해상충으로 인하여 대리인문제가 발생한다고 하였다.[11] 대리인문제는 소유와 경영의 분리로 인해 발생하는데 주주의 권리가 제한되어 있을 경우, 경영자는 주주의 약한 권리를 이용하여 주주의 이해보다 자신의 사적이익(personal benefits)을 위한 방향으로 의사결정을 하게 됨으로써 더 높은 대리인비용을 유발할 수 있다.

대리인이론에서는 주주와 경영자 간의 대리인문제를 완화하기 위한 수단으로 배당을 사용한다고 주장한다. 기업의 소유권이 분산되어 있을수록 주주와 경영자 간의 대리인문제가 심각하게 발생하며 대리인비용도 증가한다. 대리인문제는 주주와 경영자 간에 발생할 뿐만 아니라, 대주주와 소액주주 간에도 발생할 수 있다.

Rozeff(1982)는 최적배당정책은 자기자본의 대리인비용(equity agency costs)과 거래비용 간의 상반관계에 의해 결정된다고 하였다.[12] 기업이 배당을 실시함으로 인해 발생되는 감시비용이 배당을 실시하지 않아 주주 및 채권자들로부터 요구되는 비용보다 낮을 경우 기

---

11) M. C. Jensen and W. H. Meckling(1976), "Theory of Firm: Managerial Behavior, Agency Costs and Ownership Structure", Journal of Financial Economics, 3(4), 305-360.

12) M. Rozeff(1982), "Growth, Beta and Agency Costs as Determinants of Dividend Payout Ratios", Journal of Financial Research, 5, 249-259.

업의 경영자는 당연히 배당을 실시하게 될 것이다. 즉 배당금이 증가할수록 줄어드는 대리인비용과 배당금이 증가할수록 늘어나는 외부자본 조달비용의 합계를 최소화하는 점이 최적 배당지급수준이라고 하였다. 또한 그는 배당금지급의 고정비적인 성격은 부채와 유사하게 작용하여 대리인비용을 줄이는 구속(bonding) 및 감시(monitoring)의 기능을 가져올 수 있다고 하였다.

① 이해일치가설과 경영자안주가설

Jensen and Meckling(1976)은 경영자의 지분율이 낮고, 주주가 많이 분산되어 있을수록 내부자는 특권적 소비(perquisite consumption)와 같은 사적이익을 최대화시킬 수 있는 방향으로 기업자산을 활용하고자 하는 유인을 가질 수 있다고 하였다.[13]

이해일치가설에 의하면 내부자의 지분율이 증가하게 되면, 사적이익의 추구로 발생하게 되는 비용을 자신이 더 많이 부담해야 하기 때문에 대리인비용이 감소하게 된다고 하였다.

경영자안주가설은 경영자가 기업 내에서 자신의 입지를 확고히 확보할 수 있을 만큼 높은 지분율을 보유하는 경우, 경영권위협(takerover threat)이나 경영자시장(managerial labour market) 등과 같은 외부시장의 견제가 약화되기 때문에 경영자안주현상(entrenchment)이 발생할 수 있다고 하였다.[14]

---

13) M. Jensen and W. Meckling(1976), "Theory of the Firm: Managerial Behavior, Agency Costs and Ownership Structure", Journal of Financial Economics, 3, 305-360.

14) H. Demsetz(1983), "The Structure of Ownership and the Theory of the Firm", Journal of Law and Economics, 26, 301-325; E. Fama and M. Jensen(1983), "Separation of Ownership and Control", Journal of Law and Economics, 26, 327-349.

② 여유현금흐름 가설

Easterbrook(1984)은 배당지급은 기업의 경영활동과 성과를 자본시장을 통해 통제받게 됨으로써 자기자본의 대리인문제(equity agency problems)를 축소시킬 수 있다고 하였다.[15] 기업은 자본시장으로부터 자본조달이 증가하게 되면 기관투자자나 증권거래소, 자본공급자 등으로부터의 경영감시가 강화되게 되어 대리인문제를 축소할 수 있다. Jensen(1986)은 지속적인 배당지급은 기업의 여유현금흐름을 최소화시켜 대리인문제를 줄일 수 있다고 하였다. 기업에 여유현금흐름이 발생하는 경우 경영자는 가치를 창출하지 못하는 부(−)의 투자안에까지 투자를 확대하고자하는 유인을 가질 수 있다. 따라서 배당을 통해 여유현금흐름을 최소화함으로써 과잉투자에 의한 대리인문제를 줄일 수 있게 된다고 하였다.[16]

(2) 신호이론

Miller and Modigliani(1961)의 배당무관련이론은 투자자들이 기업의 미래 현금흐름을 이미 알고 있고, 투자자들은 알려진 현금흐름을 할인하여 그 기업의 가치를 평가한다고 가정하고 있다.[17] 그러나 실제로 평가되는 것은 투자자들이 인식하고 있는 현금흐름이기 때문에, 기업의 재무정책의 어떤 변화, 예를 들면 배당지급수준

---

15) F. H. Easterbrook(1984), "Two Agency-Cost Explanations of Dividends", American Economic Review, 74, 650-659.

16) M. Jensen(1986), "Agency Costs of Free Cash-flow, Corporate Finance and Takerovers", American Economic Review, 76, 323-329.

17) M. Miller and F. Modigliani(1961), "Dividend Policy, Growth and the Valuation of Shares", Journal of Business, 34, 411-433.

의 변화 등이 있으면 이러한 인식이 달라질 수 있다는 것이 신호이론이다. 기업의 경영자는 내부자로서 미래의 현금흐름에 대한 배타적인 정보를 소유하고 있으며, 이러한 미래 현금흐름에 관한 분명한 정보를 시장에 전달하려 할 것이다.

Bhattacharya(1979)는 프로젝트의 성패 여부는 프로젝트의 수익성으로 측정될 수 있으며, 이는 경영자만이 아는 내부정보라고 하였다.[18] 프로젝트의 수익성이 배당을 충당하기에 충분하지 않으면 기업은 외부자본시장을 이용할 수 있다고 가정하고, 외부자본시장을 통해 자금을 조달한 경우에는 거래비용을 수반하게 된다고 가정하였다. 이때 열등한 프로젝트를 수행하는 기업은 우수한 프로젝트를 수행하는 기업보다 훨씬 높은 거래비용을 지불해야 한다. 따라서 열등한 프로젝트를 수행하는 기업은 우수한 프로젝트를 수행하는 기업을 모방하는 배당정책을 실시할 수 없기 때문에 배당정책이 양호한 기업전망을 나타내는 신호로서 작용할 수 있다고 하였다.

기존 연구에서 기업의 가치를 결정하는 미래의 현금흐름과 그 기업의 위험수준은 항상 시장에서 인지된 현금흐름과 위험수준이며, 배당정책의 변화는 이러한 시장에서의 인식을 변화시킴으로써 기업의 가치에 영향을 미칠 수 있다고 하였다. 따라서 이러한 배당의 신호이론에 의하면 최적배당정책이 존재할 수 있다는 것을 암시하고 있다. 배당지급이 유리한 정보를 제공한다는 것이 배당지급에 따른 이익이라고 한다면, 이 이익이 배당지급에 따른 비용과 상쇄될 때 최적배당이 존재할 수 있는 것이다.

---

18) S. Bhattachacharya(1979), "Imperfect Information, Dividend Policy and the 'Bird in Hand' Fallacy", Bell Journal of Economics, 10, 259-270.

① 정보효과가설

배당의 정보효과(information content of dividend)란 비대칭정보 (asymmetry information)하에서 기업의 미래 가치에 관한 우월한 정보를 시장에 전달하기 위한 수단으로 배당을 사용한다고 주장한다 (Miller and Rock, 1985; John and Williams, 1985; Kale and Noe, 1990).[19] 시장에서는 배당정책의 변화를 기업의 미래 수익성에 관한 경영자의 예측 변화로 해석하게 된다. 예기치 못한 배당의 증가는 기업의 미래전망에 대한 낙관적인 신호로 전달되어 주가가 상승하고, 예기치 못한 배당의 감소는 비관적인 신호로 전달되어 주가가 하락한다.

따라서 주가는 배당지급 그 자체보다 기업의 미래 가치에 관한 신호효과에 따라 변한다는 것이다. 또한 영업이익의 변동성이 높을 것으로 예상되면 경영자들이 재무적 곤경비용을 감수해야 하므로 배당지급을 감소시킬 것으로 예상한다.

② 잔여배당이론

기업에서 지향하는 최적배당정책의 목표는 최대주가의 실현이고, 최대주가의 실현은 가중평균자본비용(weighted average capital cost) 또는 한계자본비용(marginal capital cost)이 최소가 되는 자본구조, 즉 최적자본구조(optimal capital structure)가 형성될 때에 가

---

19) M. Miller and K. Rock(1985), "Dividend Policy Under Asymmetric Information", Journal of Finance, 40, 1,030-1,051; K. John and J. Williams(1985), "Dividends, Dilution and Taxes: A Signaling Equilibrium", Journal of Finance, 40, 1053-1070; J. Kale and T. Noe(1990), "Dividends, Uncertainty and Underwriting Costs under Asymmetric Information", Journal of Financial Research, 13(4), 265-277.

능하다. 따라서 최적배당결정은 최적자본구조를 실현하여 투자의 수익성을 높이고 아울러 기업가치의 최대화 또는 주가의 최대화를 달성하는 것이다.[20)]

기업의 영업활동이 우량하여 유보이익의 재투자수익률이 주주의 기회비용인 최저요구수익률을 초과하게 되면, 주주는 현금배당을 지급받는 대신에 배당금이 기업에 유보되어 재투자되기를 원한다. 기업이 수익성이 높은 투자안을 수행하기 위하여 필요한 투자자금을 조달할 때, 최적자본 구조를 유지하는 데에 필요한 자기자본을 배당가능이익에서 먼저 유보시킨 다음, 유보되지 않은 이익이 남아 있을 경우에는 이 잔여이익을 배당금으로 지급하게 된다.

3) 배당지급절차

우리나라에서 배당은 4단계로 이루어진다.[21)] 배당락일(ex-dividend date)은 배당금에 대한 권리가 상실되는 날을 말한다. 배당락일은 배당기준일 1일 전이고, 늦어도 배당락일 하루 전에 수식을 매입하지 않으면 배당기준일에 현재의 주주로 주부명부에 등재될 수 없어 배당을 받을 수 없다.

배당기준일(record date)은 배당을 지급받을 주주를 확정하기 위하여 주주명부를 폐쇄하는 날을 말한다. 일반적으로 우리나라에서는 매 사업연도의 결산일이 배당기준일이 된다. 배당기준일의 영업

---

20) 김병곤·곽철효·정정현(2013), 『현대재무관리』, 법문사.
21) 김홍식·조경식(2011), 『기업재무론』, 문영사, 275-276.

종료 시까지 회사는 명의개서를 마감하고, 이날 현재 주주들의 명부를 작성한다. 배당기준일 현재 주주명부에 이름이 기재되어야만 배당을 받을 수 있게 된다. 만일 배당기준일 다음 날이나 그 후에 주식의 매각 및 이전 통고를 받으면, 그 주식의 이전 소유자에게 배당금이 지급된다. 따라서 배당기준일에 주식을 보유하고자 한다면 우리나라에서는 주식의 매매계약 체결일로부터(체결일 포함) 3일째 되는 영업일에 결제가 이루어지므로 결제가 이루어지는 날이 배당기준일이 되어야 한다.

배당공시일(announcement date)은 배당지급에 관한 사항을 매 사업연도 종료일부터 3개월 이내에 열리는 주주총회에서 의결하도록 규정되어 있다. 배당지급에 관한 사항은 1주당 배당금, 배당기준일, 배당지급일 등을 포함한다. 결산일 전에 신문광고나 공시를 통해 배당 주주들에게 알리게 되어 있다.

배당지급일(payment date)은 회사에서 배당기준일 현재의 주주들에게 배당금을 실제로 지급하는 날이다. 배당지급은 주주총회에서 재무제표 등의 승인이 있는 날로부터 2개월 이내에 배당금을 지급하여야 하며, 이 기간을 넘기면 회사는 공금리 수준의 이자를 지불하여야 한다.

4) 배당정책과 관련된 금융활동

기업이 주주에게 창출된 부가가치를 배분하는 방법을 배당(dividend)이라고 하며, 배당정책(dividend policy)이란 주주에게 배분할 수 있는 당해 연도 당기순이익 중 현금으로 배당할 몫과 사내 유보할 몫의 비율을 결정하는 회사 이사회의 의사결정을 의미한다.[22] <표 Ⅱ-4>는 배당정책과 관련된 금융활동을 비교한 것이다.

〈표 Ⅱ-4〉 배당정책과 관련된 금융활동 비교

배당정책 관련 유사금융 활동	무배당	(현금) 배당	자사주 매입	주식 배당	주식 분할	무상 증자	유사 증자
기업지배 구조 결정사항	이사회 안건 주총결의	이사회 안건 주총결의	이사회 결의	이사회 안건 주총결의	이사회 결의	이사회 결의	이사회 결의
자본금	변화 없음	변화 없음	자본금 감소 (발행 주식 수 감소)	자본금 증가 (발행 주식 수 증가)	변화 없음 (발행 주식 수 증가)	자본금 증가 (발행주식 수 증가)	자본금 증가 (발행 주식 수 증가)
자본 잉여금	변화 없음	변화 없음	변화 없음	변화 없음	변화 없음	자본잉여 금 감소	자본잉여 금 증가
이익 잉여금	당기순이 익전액 내부유보	이익잉여 금 감소	이익잉여 금 감소	이익잉여 금 감소	변화 없음	변화 없음(혹은 감소)	변화 없음
주주의 부	변화 없음	변화 없음	변화 없음	변화 없음	변화 없음	변화 없음	변화 없음
주가	주가 변화 없음	주당배당 금 만큼 하락	주가 변화 없음.	주가 하락, 소유주식 수 증가	주가 하락, 소유주식 수 증가	주가 하락, 소유주식 수 증가	신주발행 가격에 따라 증자 참여
배당금	주당배당 금 현금=0	주당배당 금 현금	주당배당 금과 무관	주당배당 금과 무관	주당배당 금과 무관	주당배당 금과 무관	주당배당 금과 무관

자료: 이원흠(2013), 『기업재무론 핵심』, 홍문사, 329.

22) 이원흠(2013), 『기업재무론 핵심』, 홍문사, 321-322.

4. 기업지배구조, 투자기회, 배당정책 간의 이론적 관계

1) 기업지배구조가 배당정책에 미치는 영향

기업은 배당정책을 경영자와 투자자 사이의 정보 비대칭문제와 대리인문제를 완화시키는 수단으로 활용할 수 있다.

배당신호가설(information signaling hypothesis)에 의하면 배당은 신호메커니즘에 의해 정보비대칭을 감소시킬 수 있다. Bhattacharya (1979), Miller and Rock(1985), John and William(1985), John and Lang(1991)은 배당신호가설에 근거하여, 투자자에 비해 기업의 실제 가치를 더 잘 알고 있는 경영자가 배당이라는 이익 배분 방법을 통해 시장에 정보를 전달하고자 한다고 하였다.[23] 정보비대칭이 상대적으로 심한 기업은 정보비대칭이 심하지 않은 기업에 비해 더 많은 배당을 지급하는 경향이 있다. 정보비대칭 수준이 높은 기업의 경우 정보비대칭이 낮은 기업과 비슷한 수준의 이익을 획득하더라도 정보비대칭에 의해 시장으로부터 저평가를 받을 수 있기 때문에 배당금 증가라는 신호를 시장에 전달하여 합당한 평가를 받고자 하는 유인이 증가하기 때문이다. 따라서 배당신호가설에 의하면 정보비대칭과 배당정책 간에는 정(+)의 영향관계가 존재한다.

---

23) S. Bhattachacharya(1979), "Imperfect Information, Dividend Policy and the 'Bird in Hand' Fallacy", Bell Journal of Economics, 10, 259-270; M. Miller and K. Rock(1985), "Dividend Policy Under Asymmetric Information", Journal of Finance, 40, 1,030-1,051; K. John and J. Williams(1985), "Dividends, Dilution and Taxes: A Signaling Equilibrium", Journal of Finance, 40, 1,053-1,070; K. John and L. Lang(1991), "Insider Trading around Dividend Announcements: Theory and Evidence", Journal of Finance, 46, 1,361-1,389.

하지만 Li and Zhao(2008)는 애널리스트들의 이익예측 편차를 정보비대칭의 척도로 이용하여 정보비대칭과 배당정책 간의 관계를 분석한 결과, 정보비대칭이 심한 기업일수록 배당수준을 낮추는 부(−)의 영향관계가 있다고 주장하였다.[24]

이러한 배당신호는 기업의 지배구조 특성에 따라 차이가 있을 것으로 예상할 수 있다. 지배구조가 양호한 기업의 경우는 투자자들에게 투명하고 합리적인 신호를 전달할 것으로 기대되지만, 지배구조가 취약한 기업의 경우는 신호전달의 투명성이 부족할 가능성이 있다. 이러한 측면에서 본다면, 기업의 미래현금흐름에 대한 신호수단인 배당정책은 기업의 지배구조 특성에 의해 영향을 받을 것으로 예상할 수 있다.

한편 대리인 이론에 따르면 배당지급은 주주와 경영자 사이의 대리인문제를 완화시키기 위한 수단으로 사용될 수 있다. Rozeff(1982)는 배당의 증가는 자기자본의 대리인비용을 낮추는 반면 외부자금조달로 인하여 거래비용을 증가시킬 수 있다고 하였다.[25] 높은 배당을 실시하는 기업은 추가적인 외부 자금조달이 필요하게 되고, 이는 그 기업이 외부자본시장의 감시·통제 대상이 된다는 것을 의미한다. 만약 해당 기업이 배당을 실시함으로 인해 발생되는 감시·통제비용이 배당을 실시하지 않아 주주 및 채권자들로부터 요구되는 비용보다 낮을 경우 기업의 경영자는 배당을 실시하게 될 것이다. Easterbrook(1984)은 배당정책이 자기자본의 대리인비용 이외에 경

---

24) K. Li and X. Zhao(2008), "Asymmetric Information and Dividend Policy", Journal of Financial Management, 673-694.

25) M. Rozeff(1982), "Growth, Beta and Agency Costs as Determinants of Dividend Payout Ratios", Journal of Financial Research, 5, 249-259.

영자의 안이한 태도와 위험 회피적 성향으로 인해 발생되는 대리인 비용을 완화시키는 수단이 될 수 있다고 하였다.[26]

Jensen(1986)은 기업이 적절한 투자안을 찾지 못할 경우 여유현금흐름을 주주에게 배당으로 지급함으로써 배당정책을 경영자와 투자자 사이의 이해갈등을 완화시키는 수단으로 활용할 수 있다고 하였다.[27] 기업이 상당한 잉여현금흐름을 보유하고 있는 경우에 대리인문제가 보다 심각하게 발생할 수 있으며 이 경우 기업지배구조의 역할이 배당정책에 크게 영향을 미칠 수 있다. 잉여현금흐름의 보유가 적을 경우에는 대리인문제의 발생 가능성이 낮기 때문에 지배구조가 배당에 미치는 영향도 적을 수 있다. 박광수·박래수·황이석(2005)은 지배구조가 좋은 기업일수록 주주들에게 더 많은 부를 배분한다고 하였다.[28] 그리고 지배구조가 배당수익률에 미치는 긍정적 효과는 성장기회가 높은 기업일수록, 대리인문제가 적은 기업일수록 더 크다고 하였다.

이상과 같이 기업은 배당정책을 경영자와 투자자 사이의 정보비대칭문제와 대리인문제를 완화시키는 수단으로 활용할 수 있으며 지배구조에 따라 배당정책이 달라질 수 있다.

26) F. H. Easterbrook(1984), "Two Agency-Cost Explanations of Dividends", American Economic Review, 74, 650-659.

27) M. Jensen(1986), "Agency Costs of Free Cash-flow, Corporate Finance and Takerovers", American Economic Review, 76, 323-329.

28) 박광우·박래수·황이석(2005), "기업지배구조와 주주부의 배분에 관한 연구", 증권학회지, 제34권 제4호, 149-188.

2) 투자기회가 배당정책에 미치는 영향

Myers(1984)는 기업들이 투자기회에 기초하여 목표배당성향(target payout ratio)을 설정하고, 투자기회가 변동하면 거기에 맞추어 배당성향을 조정한다고 하였다.[29] 따라서 투자자금을 많이 필요로 하는 기업은 외부로부터 조달하는 투자자본의 비용을 줄이기 위해 낮은 목표배당성향을 설정한다고 주장하였다. 그러나 Easterbrook(1984)은 배당은 기업의 경영활동과 성과를 자본시장을 통해 통제하게 함으로써 자기자본의 대리인문제를 축소시킬 수 있다고 하였다.[30]

Grullon, Michaely and Swaminathan(2002)은 기업이 성장기에 있을 경우에는 투자수요가 증가하고 현금잔고가 감소하기 때문에 배당지급이 감소하는 반면, 성장기를 지나 성숙기에 접어들면 투자수요가 감소하고 현금잔고가 증가하기 때문에 배당지급이 증가하게 된다고 하였다.[31] 그들이 주장한 성숙도가설(maturity hypothesis)에 따르면 기업들은 성숙기에 접어들어 성장기회가 감소하면 배당을 늘리게 되는데, 이는 해당 기업의 체계적 위험과 수익성을 동시에 줄이는 결과를 낳는다고 하였다. 즉 배당의 증가는 기업의 성장기에서 성숙기로 이동하는 과정에서 나타날 수 있는 현상으로, 투자기회의 감소, 체계적 위험의 감소, 수익률의 하락을 알리는 신호라고 하였다.

---

29) S. C. Myers(1984), "The Capital Structure Puzzle", Journal of Finance, 39(3), 575-592.

30) F. H. Easterbrook(1984), "Two Agency-Cost Explanations of Dividends", American Economic Review, 74(4), 650-659.

31) G. Grullon, R. Michaely and B. Swaminathan(2002), "Are Dividend Changes a Sign of Firm Maturity", Journal of Business, 75(3), 387-424.

3) 기업지배구조와 투자기회가 배당정책에 미치는 영향

La Porta et al.(2000)은 배당정책에 영향을 미치는 여러 요인 중의 하나인 투자기회는 많은 국가에서 다양한 형태로 영향을 미친다고 주장하였다. 그들은 투자기회의 영향이 주주 권리보호 수준에 따라 달라질 수 있다는 두 개의 가설을 제시하였다.[32]

첫 번째 가설은 결과모형가설로, 배당은 주주를 효과적으로 보호한 결과물이라는 것이다. 주주의 권리가 잘 보호되는 환경하에서는 고성장 기업의 경우 저성장 기업보다 더 낮은 배당성향을 갖게 된다고 하였다. 즉 주주들은 그들의 권리가 잘 보호된다고 인식하면 성장기회가 높은 기업들의 현금유보를 기꺼이 받아들이고, 프로젝트 성공에 따른 성과배분을 원할 수 있다. 따라서 투자자의 권리보호가 양호한 국가들에서는 투자기회와 배당 간에는 부(−)의 영향관계로 나타나게 된다고 하였다.

그렇지만 주주의 권리보호가 취약한 경우에는 성장기회와 배당성향 간에 유의한 상관관계가 나타나지 않거나 정(+)의 관계로 나타날 수 있다고 하였다. 주주에 대한 권리보호가 취약한 경우에는 투자자 입장에서 배당가능이익이 기업에 유보되어 미래의 시점에 투자성과로 배분받는 것에 대해 불안을 느낄 수 있다. 따라서 투자자는 현재 시점의 배당을 선호할 것이다. 고성장 기회기업의 입장에서는 투자자들의 배당선호에 대응하여 배당을 증가시키거나 투자기회를 고려하여 배당을 확대하지 않으려는 경향을 보일 수 있다.

---

32) R. La Porta, F. Lopez-de-Silanes, A. Shleifer and R. Vishny(2000), "Agency Problems and Dividend Policies Around the World", Journal of Finance, 55(1), 1~33.

두 번째 가설은 대체모형가설로, 배당은 주주에 대한 법적 권리보호에 대한 대안물이라는 것이다. 주주 권리보호가 취약한 국가에서, 고성장 기업은 주주 권리를 보호한다는 신호로 배당정책을 사용한다고 하였다. 즉 주주 권리보호가 취약한 국가에서, 고성장 기업은 배당수준을 높여 주주의 권리를 보호한다는 평판을 얻음으로써 자금조달 환경을 개선하고자 하는 유인을 갖는다는 것이다.

한편, 주주 권리보호가 양호한 국가에서는 기업차원에서 주주 권리보호에 관한 정보를 시장에 알릴 필요성이 낮기 때문에 고성장 기업의 배당성향은 낮아질 수 있다고 하였다. 따라서 대체모형가설에 의하면 투자자 권리보호가 양호한 국가에서는 투자기회가 배당정책에 미치는 영향은 약하게 나타나지만, 투자자 권리보호가 취약한 국가에서는 투자기회가 배당의 증가효과로 나타나게 된다는 것이다.

이러한 관계를 단일 국가 내 개별 기업차원에 적용해 볼 수 있다. La Porta et al.(2000)이 제시한 결과모형가설에 의하면, 배당정책은 기업지배구조의 결과물로 이해할 수 있다. 어떤 기업이 주주들의 권리를 잘 보호해주는 양호한 지배구조를 가진 기업으로 인지된다면, 주주들은 당해 기업이 투자기회를 활용하기 위하여 배당지급 대신 현금유보를 하고자 하더라도 기꺼이 동의할 수 있다. 따라서 결과모형가설에 의하면 취약한 지배구조를 가진 기업보다 양호한 지배구조를 가진 기업에서 성장기회와 배당성향 간의 부(−)의 관계가 뚜렷하게 나타날 수 있다.

한편 대체모형가설에 의하면, 배당은 기업지배구조의 대용지표가 될 수 있다. 주주 권리보호에 취약한 지배구조를 갖추고 있지만 양호한 성장 전망을 가진 기업들은 시장으로부터 명성을 얻고자

하는 강한 유인을 갖게 된다. 이러한 기업들은 다른 조건이 동일할 때 잠재적으로 외부 재원을 더 많이 필요로 하기 때문이다. 따라서 배당지급을 늘려 시장으로부터 좋은 평판을 얻고자 하는 유인이 강하게 나타날 수 있다. 이러한 대체모형가설을 따른다면, 기업지배구조가 취약한 기업의 경우 성장기회와 배당성향 간에는 유의한 정(+)의 관계가 나타나고, 양호한 지배구조를 가진 기업에서는 이러한 효과가 명확하지 않을 수 있다.

4) 가족기업과 재벌기업 특성이 배당에 미치는 영향

(1) 가족기업과 배당정책

대리인이론 관점에 근거하여 연구한 선행연구들은 주로 배당정책의 결정요소를 밝히거나 기업의 소유구조가 기업의 배당정책에 미치는 영향을 분석하는 데 초점이 맞춰져 왔다. 그런데 기관투자자, 내부자, 기업의 통제구조 등과 같은 특정한 통제형태에 초점을 맞춘 선행연구들을 보면 이들 요소들이 배당정책에 정(+) 혹은 부(−)의 영향을 미치는지 명확한 결론을 제시하지 못하고 있다 (Farinha, 2003).[33] 특히 이러한 연구에서 특수한 기업통제 형태인 가족경영(family control)이 배당에 어떠한 영향을 미치는가는 이론적인 관점에서도 명확하게 결론을 내리기 어려운 상황이다.

먼저 가족경영이 배당에 부(−)의 영향을 미치는 관계를 살펴보

---

[33] J. Farinha(2003), "Dividend Policy, Corporate Governance and the Managerial Entrenchment Hypothesis: An Empirical Analysis", Journal of Business Finance &Accounting, 30(9), 1,173-1,209.

면 다음과 같다. 가족소유구조(family ownership)와 배당지급은 기업 내에서 발생하는 대리인문제를 완화시키는 선택적 통제메커니즘으로 작동할 수 있다. 기업을 실질적으로 통제할 수 있는 지배가족(owner families)이 존재한다면, 그 지배가족은 경영자가 수익성 없는 사업에 내부 자원을 낭비하는 것을 통제하는 효율적인 감시메커니즘(efficient monitoring mechanism)의 역할을 할 수 있다. 그렇기 때문에 가족기업은 잉여현금흐름 관련 대리인문제(Jensen, 1986)를 완화시키기 위해 배당지급을 늘릴 필요성이 낮아지게 된다.[34] Gugler et al.(2003)은 오스트리아 기업을 대상으로 분석한 결과에서 가족기업은 가장 낮은 목표 배당성향(target payout ratios)을 갖는다고 하였다.[35] 그는 가족통제가 효율적인 기업지배메커니즘으로 작동하기 때문에 배당지급의 필요성이 낮아진다고 하였다.

한편 가족경영이 배당에 정(+)의 영향을 미치는 관계를 살펴보면 다음과 같다. 가족기업에서는 지배주주(largest owner)와 소액주주(minority shareholders) 간에 이해상충에 의한 대리인문제가 크게 발생할 수 있다. 즉 가족기업에서는 지배주주가 소액주주의 부를 착취(expropriation)하고자 하는 유인이 크게 나타날 수 있다. 이러한 경우에는 가족기업에서 배당정책을 소액주주 부 착취 관련 대리인문제를 완화시키는 수단으로 활용할 수 있다(Faccio et al., 2002; Setia-Atmaja et al., 2009).[36]

---

34) M. Jensen(1986), "Agency Costs of Free Cash-flow, Corporate Finance and Takerovers", American Economic Review, 76(2), 323-329.

35) Gugler and Klaus(2003), "Corporate Governance, Dividend Payout Policy and the Interrelation Between Dividends, R&D and Capital Investment", Journal of Banking and Finance 27(7), 1,297-1,321.

36) M. Faccio and L. Lang(2002), "The Ultimate Ownership of Western European Corporations",

또한 Michaely and Roberts(2006)가 제시한 것처럼, 소유집중도가 높은 가족기업의 경우에는 경영자와 주주의 이해일치도가 높기 때문에 소유분산기업에 비해 배당을 증가시킬 수 있다.[37]

(2) 재벌기업과 배당정책

재벌기업은 관계회사 간의 출자관계에 의해 기업군을 형성하고, 사실상의 지주회사가 전체 계열사를 지배하는 형태를 띠고 있다. 재벌총수는 적은 지분으로도 그룹전체를 사실상 지배하는 행태를 보이고 있다.

재벌그룹에 속하는 기업은 규모에 상관없이 대기업에 준해 평가받고, 상대적으로 유리한 신용등급을 획득할 수 있어 외부자금조달이 용이한 특성이 있다. 또한 내부자본시장(internal capital market)이 형성되어 자금조달이 원활하게 이루어질 수 있는 환경이 조성되어 있다. 따라서 재벌기업은 비재벌기업에 비해 이익을 유보시켜 이익잉여금에 의한 자본조달 필요성이 상대적으로 낮을 수 있다. 이는 배당의 증가로 나타날 수 있다.

한편 재벌기업은 재벌총수 일가에 의해 실질적으로 지배되는 경우가 많기 때문에 소유와 경영이 일치되어 대리인문제가 상대적으로 작게 나타날 수 있다. 이러한 경우는 자기자본의 대리인비용을

Journal of Financial Economics, 65(3), 365-395; L. S. Setia-Atmaja, G. A. Tanewski and M. Skully(2009), "The Role of Dividends, Debt and Board Structure in the Governance of Family-controlled Firms", Journal of Business Finance and Accounting, 36(7/8), 863-898.

37) R. Michaely and M. Roberts(2006), "Dividend Smoothing, Agency Costs, and Information Asymmetry: Lessons from the Dividend Policies of Private Firms", Working Paper, Cornell University.

완화시키기 위해 배당지급을 증가시켜 시장의 감시·통제기능을 강화할 필요성이 낮아지기 때문에 배당이 축소될 수 있다.

그렇지만 재벌총수 일가와 외부주주의 관계에서 보면, 재벌총수 일가의 사적 이익(private benefit) 추구현상에 의한 외부주주의 부 이전현상이 발생할 가능성이 높기 때문에, 시장의 감시와 통제를 강화시키기 위해 외부주주는 배당지급의 확대를 요구할 수 있다. 이러한 경우에 재벌기업에서는 배당이 증가할 수 있다.

■■■ 제3장

배당정책 의사결정 관련 선행연구

1. 기업지배구조가 배당정책에 미치는 영향에 관한 선행연구

2. 투자기회가 배당정책에 미치는 영향에 관한 선행연구

3. 기업지배구조와 투자기회가 배당정책에 미치는 영향에 관한 선행연구

1. 기업지배구조가 배당정책에 미치는 영향에 관한 선행연구

기업지배구조가 배당정책에 미치는 영향에 관한 연구로는 Rozeff (1982), Easterbrook(1984), Crutchley and Hansen(1989), Jensen et al.(1992), Gugler and Yurtoglu(2003), 김성민(2006), 김도성·양준선·황승찬(2010), 김병곤·김동욱·김동회(2010), 이장우·지성권·김용상(2011) 등이 있다.[38]

---

38) M. Rozeff(1982), "Growth, Beta and Agency Costs as Determinants of Dividend Payout Ratios", Journal of Financial Research, 5, 249-259; F. H. Easterbrook(1984), "Two Agency-Cost Explanations of Dividends", American Economic Review, 74, 650-659; C. E. Crutchley and R. S. Hansen(1989), "A Test of the Theory of Managerial Ownership, Corporate Leverage and Corporate Dividends", Financial Management, 18, 36-46; G. Jensen, D. Solberg and T. Zorn(1992), "Simultaneous Determination of Insider Ownership, Debt and Dividend Policies", Journal of Finance and Quantitative Analysis, 27, 247-263; K. Gugler and B. Yurtoglu(2003), "Corporate Governance and Dividend Payout Policy in Germany", European Economic Review, 47, 731-758; 김성민(2006), "대리인비용, 기업지배구조와 배당정책", 2006년도 5개 학회 춘계 공동 학술연구발표논문. 1-23; 김도성·양준선·황승찬(2010), "기업의 배당정책과 지배 및 소유구조에 관한 연구", 회계연구, 제15권 제3호, 1-32; 김병곤·김동욱·김동회(2010), "정보

Dittmar et al.(2003), 설원식·김수정(2005), 주재근·강길환(2009) 등은 주주 권리보호가 높을수록 배당지급에 정(+)의 영향을 미친다고 하였다.[39]

1) 국외 선행연구

(1) Rozeff(1982)의 연구

Rozeff(1982)는 미국 내의 67개 산업에 대해 1974년부터 1980년까지 패널자료를 이용하여 경영위험과 주식분산 성과가 배당정책에 미치는 영향을 대리인문제 관점에서 분석하였다.[40]

배당의 증가는 자기자본의 대리인비용을 낮추는 반면 외부자금 조달로 인하여 거래비용을 증가시킬 수 있다. 예를 들어 높은 배당을 실시하는 기업은 추가적인 외부 자금조달이 필요하게 되고 외부 자본시장에서 자본을 조달할 필요성이 증대된다. 이는 그 기업이 외부자본 시장의 엄격한 감시대상이 된다는 것을 의미한다. 만약 해당 기업이 배당을 실시함으로 인해 발생되는 감시비용이 배당을 실시하지 않아 주주 및 채권자들로부터 요구되는 비용보다

비대칭과 배당정책: 배당신호가설 검증", 금융공학연구, 제9권 제1호, 99-124; 이장우·지성권(2011), "지배구조 고려하의 배당정책이 기업가치에 미치는 영향에 관한 연구", 금융공학연구, 제10권 제3호, 137-167.

39) A. Dittmar, J. Mahrt-Smith and H. Servaes(2003), "International Corporate Governance and Corporate Cash Holdings", The Journal of Financial and Quantitative Analysis, 38(1), 111-133; 설원식·김수정(2006), "외국인 투자자가 기업의 배당에 미치는 영향", 증권학회지, 제35권 제1호, 1-40; 주재근·강길환(2007), "외국인 지분율과 기업배당정책에 관한 실증연구", 한국상업교육학회, 제17호, 447-470.

40) M. Rozeff(1982), "Growth, Beta and Agency Costs as Determinants of Dividend Payout Ratios", Journal of Financial Research, 5, 249-259.

낮을 경우 기업의 경영자는 당연히 배당을 실시하게 될 것이다.

이때 시장의 두 가지 불완전성, 즉 자본의 대리인비용과 외부자금 조달 시 발생되는 거래비용에 주안점을 두고 최적배당의 가능성에 대한 분석을 시도하였다.

분석결과 기업들이 보다 높은 수익률 증가를 기록 중이거나 기록할 것으로 예상될 경우에는 보다 많은 투자비용이 수반될 것이므로 성장성은 배당지급과 부(−)의 영향관계에 있다고 하였다. 이는 투자정책이 배당정책에 영향을 미친다는 관점을 지지해주는 결과라고 하였다.

또한, 기업들이 보다 높은 베타계수를 가지고 있을 경우 높은 베타가 현재의 높은 영업레버리지 및 재무레버리지를 반영하고 있는 것이므로 위험과 배당지급과는 부(−)의 영향관계에 있다고 하였다. 배당지급을 다른 확정비용과 유사한 준고정비용(quasi-fixed charges)이라고 하면서, 이것은 높은 고정비용을 부담하는 기업은 추가적인 외부자금 조달을 피하기 위해 배당을 낮게 지급하기 때문이라고 하였다.

주주의 수와 관련하여 내부자가 적은 자산을 보유하고 있거나 보다 많은 주주들이 외부자산을 보유하고 있을 경우 기업들은 높은 배당을 실시하는 경향이 있다고 하였다. 이것은 배당의 지급이 기업의 최적 감시와 보증의 수단이 되며 대리인비용을 낮추는 효과가 있기 때문이라고 하였다.

즉 배당의 지급은 기업의 과거성장률 및 미래 예상성장률에 유의적인 부(−)의 함수이며, 베타계수 및 내부지분율과 유의적인 부(−)의 함수라고 하였다. 그리고 보통주를 소유한 주주의 수에 유의적인 정(+)의 함수라고 주장하였다.

(2) Easterbrook(1984)의 연구

Easterbrook(1984)은 기업의 대리인비용을 줄이는 수단으로 배당이 이용되어 왔다고 하였다.[41] 그는 배당정책에 의해 영향을 받을 수 있는 대리인비용으로 Rozeff(1982)가 주장했던 자기자본의 대리인비용 이외에 경영자의 안이한 태도와 위험 회피적 성향으로 인해 발생되는 대리인비용을 추가하였다.

분산포트폴리오를 가진 투자자들은 체계적 위험에만 관심을 갖는 반면, 자신들 부의 상당 부분이 기업성과와 연관되어 있는 경영자들은 리스크가 높은 고수익 투자안보다는 안전한 저수익 투자안을 선호하게 된다. 이 경우 경영자들은 기업의 부채비율을 낮추는 방향으로 자금을 운용할 유인을 갖게 되고 이로 인해 주주로부터 채권자에게로 부의 이전이 이루어지게 한다는 것이다.

반면 주주들은 배당의 증가를 통하여 이러한 손실을 방지하려고 노력할 것이다. 즉 배당정책을 조정하는 방법으로 주주들은 자신들의 위험 수준을 낮춤으로써 경영자의 위험회피에 의한 대리인비용을 줄일 수 있게 된다고 하였다.

(3) Crutchley and Hansen(1989)의 연구

Crutchley and Hansen(1989)은 1981년부터 1985년까지 미국의 상장기업을 대상으로 자기자본의 대리인비용을 줄이기 위한 세 가지 방법에 대하여 실증분석을 하였다.[42] 그 세 가지 방법은 경영자의

---

41) F. H. Easterbrook(1984), "Two Agency-Cost Explanations of Dividends", American Economic Review, 74, 650-659.

지분을 늘리거나, 배당을 증가시키거나, 더 많은 부채를 조달하는 것이다. 배당수익률을 종속변수로 하여 회귀분석을 실시한 결과, 성장성의 대용변수인 광고비와 연구개발비(R&D), 발행비용(flo-tation cost)의 대용변수인 주식수익률의 표준편차는 배당수익률에 통계적으로 유의한 부(-)의 영향을, 이익변동성의 대용변수인 총자산영업이익률의 표준편차, 기업규모는 배당수익률에 통계적으로 유의한 정(+)의 영향을 미치고 있음을 보였다.

이들은 기업의 경영위험이 클수록 대리인비용을 통제하기 위하여 배당지급을 늘리려는 경향이 있다고 하였다. 또한 경영자는 주식분산 성과가 낮을수록, 즉 분산투자비용이 클수록 자기자본대리비용을 통제하기 위하여 배당지급을 늘리려고 한다고 주장하였다.

(4) Jensen, Solberg and Zorn(1992)의 연구

Jensen et al.(1992)은 배당정책, 내부자의 주식소유비율, 레버리지에 대한 동시적인 결정에 관한 연구를 수행하였다.[43] 이들은 기업규모가 클수록 소유경영자의 유동성비용이 증가하여 내부주주 지분율 증가로부터 얻을 수 있는 대리인비용에 대한 통제효과가 감소하여 경영자는 배당지급을 늘리려 한다고 하였다. 즉 내부주주의 주식보유비율과 부채비율이 배당률에 부(-) 관계가 있다고 하였다.

---

42) C. E. Crutchley and R. S. Hansen(1989), "A Test of the Theory of Managerial Ownership, Corporate Leverage and Corporate Dividends", Financial Management, 18, 36-46.

43) G. Jensen, D. Solberg and T. Zorn(1992), "Simultaneous Determination of Insider Ownership, Debt and Dividend Policies", Journal of Finance and Quantitative Analysis, 27, 247-263.

(5) Gugler and Yurtoglu(2003)의 연구

Gugler and Yurtoglu(2003)는 높은 소유권 집중을 특징으로 하는 나라들에서는 대규모의 내부주주와 소규모 외부주주들 사이의 갈등이 기업지배구조의 주요 내용 중의 하나라고 하였다.[44] 배당의 증가는 지배적 주주의 재량권에 있는 자금을 감소시키고, 기업의 시장 가치를 향상시키는 요소가 될 수 있다고 하였다.

반면 통제받지 않는 대주주들이 소액주주들에게 지급될 배당을 감소시키는 경우, 시장은 부정적으로 반응한다고 하였다. 특히 소유와 경영이 분리되지 않은 기업의 경우에는 배당성향이 낮고 강한 부(−)의 영향이 미치는 것을 발견하였다.

2) 국내 선행연구

(1) 김성민(2006)의 연구

김성민(2006)은 지배구조와 배당정책 간의 관계를 지배구조와 잉여현금흐름과의 상호효과를 고려하여 설정하고, Jensen(1986)의 주장을 직접적으로 검증하였다.[45] 구체적으로 Jensen(1986)의 여유현금흐름가설[46]의 기반 위에 La Porta et al.(2000)의 두 가지 형태인

---

44) K. Gugler and B. Yurtoglu(2003), "Corporate Governance and Dividend Payout Policy in Germany", European Economic Review, 47, 731-758.

45) 김성민(2006), "대리인비용, 기업지배구조와 배당정책", 2006년도 5개 학회 춘계 공동 학술연구발표논문, 1-23.

46) M. Jensen(1986), "Agency Costs of Free Cash-flow, Corporate Finance and Takerovers", American Economic Review, 76, 323-329.

대리인비용가설, 즉 결과모형가설과 대체모형가설을 검증하였다.[47)]

대리인비용의 대용변수로서 여유현금흐름 수준을 지속변수(con-tinuous variable)로 직접 사용하였으며, 분석기간 동안 지배구조 개선 정도에 따른 배당정책의 변화를 동적인 시계열 측면에서 분석하였다. 분석결과, 전반적으로 경영자기회가설을 지지하는 것으로 나타났다. 특히 여유현금흐름 상위 1/4 그룹과 하위 1/4 그룹 간의 차이 분석에서, 높은 여유현금흐름을 가진 기업일수록 상대적으로 낮은 여유현금흐름을 가진 기업에 비해 지배구조 개선에 따른 배당증가 효과가 더욱 민감하게 나타나 Jensen(1986)의 주장과 일관된 결과를 보여주었다. 지배구조와 배당정책 간의 관계를 비선형관계로 검증한 결과에서는 배당정책이 2차 비선형관계임을 나타내었다.

한편, 지배구조 개선 정도에 따른 배당정책의 변화를 동적인 시계열 측면에서 분석한 결과, 회귀계수가 유의하게 정(+)의 값을 보여 경영자 기회가설을 지지하는 것으로 분석하였다.

(2) 김도성·양준선·황승찬(2010)의 연구

김도성·양준선·황승찬(2010)은 2000년부터 2007년까지 378개 기업을 대상으로 연간배당과 중간배당의 의사결정에 있어서 지배 및 소유구조가 대리인비용을 절감하기 위해 어떠한 영향을 미치고 있는지 분석하였다.[48)]

---

47) R. La Porta, F. Lopez-de-Silanes, A. Shleifer and R. Vishny(2000), "Agency Problems and Dividend Policies Around the World", Journal of Finance, 55, 1-33.

48) 김도성·양준선·황승찬(2010), "기업의 배당정책과 지배 및 소유구조에 관한 연구", 회계연구, 제15권 제3호, 1-32.

분석결과 국내기업들의 사외이사비율은 해가 지날수록 증가해왔고, 사외이사에 대한 수차례의 상법과 증권거래법 개정에 따라 많은 기업들이 사외이사를 선임하는 데에 긍정적이라는 사실을 확인하였다. 이러한 경영환경 변화에 따라 사외이사의 비율은 2003년을 기점으로 배당성향과 유의한 정(+)의 관계를 보이며 사외이사로서의 역할을 하고 있음을 분석결과로 제시하였다. 그러한 결과는 기업들이 개정법에 따라 사외이사를 확보하는 데 노력해 왔고, 사외이사는 배당을 늘리도록 의사결정을 함으로써 경영진들이 지나친 내부유보성향을 갖지 않도록 감시자로서의 역할을 한 때문이라고 하였다.

내부지분율은 일정한 패턴을 보이지는 않았으나 대체적으로 배당성향과 정(+)의 관계를 보이는 것으로 분석하였다. 그와 같은 결과는 기존 선행연구들과는 정반대의 결과로 다른 해석의 가능성을 제시하였다. 우리나라 기업의 경우 아직은 소유구조상 내부경영자의 지분이 높은 편이어서 소유와 경영의 분리가 제대로 이루어지지 않고 있기 때문이라고 하였다.

외국인지분율은 배당성향과 유의한 정(+)의 관계가 있음을 보여 국내기업의 배당정책에 가장 큰 영향력을 미치는 설명변수라고 하였다. 이들은 이사회와 더불어 효율적인 감시자로서의 역할을 하고 있을 뿐만 아니라, 높은 지분율로 경영권에 영향력을 미쳤을 것이라 판단하였다.

(3) 김병곤·김동욱·김동회(2010)의 연구

김병곤·김동욱·김동회(2010)는 2000년부터 2008년까지 1,798개 기업을 대상으로 정보비대칭 문제가 배당정책에 미치는 영향을 분석하였다.[49]

분석결과, 첫째 정보비대칭은 한국기업의 배당정책에 영향을 미치고, 정보비대칭이 클수록 배당을 작게 한다고 하였다. 이러한 연구결과는 배당신호가설을 지지하지 않는 결과로 Khang and King(2006), Li and Zhao(2008)의 연구[50]와 일치하는 결과라고 하였다. 둘째, 정보비대칭이 배당지급 여부의 결정에 미치는 영향을 분석한 결과, 정보비대칭과 배당지급 여부 간에 유의미한 영향관계를 발견할 수 없다고 하였다. 셋째, 정보비대칭이 배당지급 규모변동에 미치는 영향을 분석한 결과에서도 유의미한 영향관계를 발견할 수 없다고 하였다. 즉 한국기업에 있어 정보비대칭 문제는 기업의 배당정책에 영향을 미치지만 배당지급 여부를 결정하거나, 배당금 규모를 변동시키는 데 영향을 주기보다는 배당금 규모를 결정하는 데 영향을 주는 것으로 분석하였다. 그러나 배당금 규모 결정에서도 배당신호가설에서 제시하는 정(+)의 영향관계와는 달리 부(−)의 영향관계가 존재한다고 보고하였다.

정보비대칭 외에 배당규모 결정에 영향을 미치는 변수로는 내부

---

49) 김병곤·김동욱·김동회(2010), "정보비대칭과 배당정책: 배당신호가설 검증", 금융공학연구, 제9권 제1호, 99-124.

50) K. Khang and T. H. King(2006), "Does Dividend Policy Relate to Cross-Sectional Variation in Information Asymmetry? Evidence from Return to Insider Trades", Financial Management, 35, 71-94; K. Li and X. Zhao(2008), "Asymmetric Information and Dividend Policy", Journal of Financial Management, 37, 673-694.

지분율, 외국인지분율, 기업규모, 레버리지비율, 잉여현금흐름, 수익성, 기업위험 등을 제시하였다.

(4) 이장우 · 지성권 · 김용상(2011)의 연구

이장우 · 지성권 · 김용상(2011)은 2001년부터 2007년까지의 시계열을 갖는 393개의 상장기업의 패널자료를 이용하여 한국기업의 기업지배구조가 기업가치에 미치는 영향을 배당정책과 관련하여 분석하였다.[51]

분석결과 기업지배구조의 관점에서 배당정책은 내부자 소유지분율이 높을수록 배당지급을 많이 하며, 재벌기업이 비재벌기업에 비해 배당을 적게 지급하는 것으로 분석하였다. 재벌기업이 배당을 적게 하는 것은 재벌기업들이 자신의 통제하에 있는 내부자원을 외부로 유출시키기보다는 자신의 통제하에 두려는 의도가 강하기 때문이라고 하였다.

---

51) 이장우 · 지성권(2011), "지배구조 고려하의 배당정책이 기업가치에 미치는 영향에 관한 연구", 금융공학연구, 제10권 제3호, 137-167.

〈표 Ⅲ-1〉 기업지배구조가 배당정책에 미치는 영향에 관한 국외 선행연구 요약

연구자	연구목적	연구방법 및 자료	연구결과
Rozeff (1982)	대리인 비용과 최적배당 정책	1974～1980년 1,000개 기업 다중회귀분석	· 배당금이 증가할수록 줄어드는 대리인 비용과 배당금이 증가할수록 늘어나는 외부자본 조달비용의 합이 최소화되는 최적배당이 존재 · 배당지급의 고정비적인 성격은 부채와 유사하게 작용하여 대리인비용을 줄이는 구속·감시의 기능을 하며, 따라서 배당은 경영자지분과 부(-)의 관계
Easter-brook (1984)	대리인 비용과 배당정책	-	· 배당은 외부자본시장을 통해 통제받게 함으로써 자기자본의 대리인문제를 축소시킬 수 있음. · 배당지급이 많을수록 자본조달 필요성이 증가하게 되고, 자본조달이 증가하게 되면 기관투자가 등으로부터의 경영감시 강화로 대리인문제 줄어듦.
Crutch-leyet al. (1989)	자기자본의 대리인비용	1981～1985년 회귀분석	· 광고비와 연구개발비는 배당수익률에 유의적인 부(-)의 영향 · 총자산영업이율과 기업규모는 배당수익률과 유의적인 정(+)의 영향 · 경영위험이 클수록 대리인비용 통제를 위해 배당지급을 늘림.
Jensenet al. (1992)	배당정책과 내부자의 주식소유 비율, 레버리지 관계	1998～2003년 2SLS	· 기업규모가 클수록 소유경영자의 유동성 비율이 증가하여 내부주주 지분율 증가로부터 대리인비용의 감소로 배당을 늘림. · 내부주주의 주식보유비율과 부채비율이 배당비율에 부(-)의 영향 · 투자기회 통제 후 배당지급이 레버리지와 내부자 지급과 부(-)의 영향
Gugleret al. (2003)	내부주주와 외부주주의 관계와 배당	1992～1998년 패널분석	· 배당의 증가는 지배적 주주의 재량권에 있는 자금을 감소시키고, 기업의 시장가치를 향상시키는 요소가 될 수 있다고 하였음. · 소유와 경영이 분리되지 않은 기업의 경우 배당성향이 낮고 강한 부(-)의 영향

〈표 Ⅲ-2〉 기업지배구조가 배당정책에 미치는 영향에 관한 국내 선행연구 요약

연구자	연구목적	연구방법 및 자료	연구결과
김성민 (2006)	지배구조와 배당정책의 잉여현금 흐름의 상호관계	2004, 2005년 935개 기업	· 높은 잉여현금흐름을 가진 기업일수록 상대적으로 낮은 여유현금흐름을 가진 기업에 비해 지배구조 개선에 따른 배당증가 효과가 민감하게 나타남.
김도성 등 (2010)	지배구조 및 소유구조와 중간배당	2000~2007년 364개	· 사외이사 비율은 2003년을 기점으로 배당성향과 유의한 정(+)의 영향 · 외국인지분율은 배당성향과 유의한 정(+)의 영향
김병곤 등 (2010)	정보 비대칭이 배당정책에 미치는 영향분석	2000~2008년 1,798개 기업 패널회귀분석	· 애널리스트들의 이익예측 표준편차를 정보비대칭 대용변수로 사용하여 정보비대칭이 배당정책에 미치는 영향분석 · 정보비대칭은 배당정책에 부(−)의 영향관계를 가져 신호가설을 지지하지 않음. · 정보비대칭과 배당지급 여부 간에 유의한 영향관계 발견하지 못함. · 정보비대칭과 배당지급 규모의 변동 간에 유의한 영향관계 발견하지 못함.
이장우 등 (2011)	배당정책변화와 기업가치	2001~2007년 393개 기업	· 외국인지분율, 기관투자자지분율, 이사회규모, 사외이사비율이 높을수록 기업가치 상승 · 배당수준 높을수록 배당량이 증가할수록, 배당을 증가할수록 기업가치 정(+)의 영향 · 지배구조 관점에서 내부자 소유지분이 높을수록 배당지급이 많고, 재벌기업이 비재벌기업보다 배당이 적게 지급

2. 투자기회가 배당정책에 미치는 영향에 관한 선행연구

투자기회가 배당정책에 미치는 영향에 관한 연구로는 Miller and Modigliani(1961), Jensen and Meckling(1976), Fazzari et al.(1988), Fenn and Liang(2001), 김용현(2005), 최종범·서정원(2005), 신민식·김수은(2009) 등이 있다.[52]

Smith and Watts(1992), Gavera and Gavera(1993), Fenn and Liang (2001), 김용현(2005), 신민식·김수은(2009) 등은 투자기회가 배당지급에 부(−) 영향을 미친다고 하였다.[53]

---

52) M. Miller and F. Modigliani(1961), "Dividend Policy, Growth and the Valuation of Shares", Journal of Business, 34, 411-433; M. Jensen and W. Meckling(1976), "Theory of the Firm: Managerial Behavior, Agency Costs and Ownership Structure", Journal of Financial Economics, 3, 305-360; S. Fazzari, R. Hubbard and B. Peterson(1988), "Financing Constraints and Corporate Investment", Brookings Papers on Economic Activity, 1, 141-195; G. Fenn and N. Liang(2001), "Corporate Payout Policy and Managerial Stock Incentives", Journal of Financial Economic, 60, 45-72; 김용현(2005), "재무구조와 투자 및 배당의 동시결정에 관한 실증연구", 대한경영학회지, 제18권 제4호, 1,505-1,527; 최종범·서정원(2005), "세계 각국의 배당정책 결정요인 검증", 증권학회지, 제34권 제4호, 69-110; 신민식·김수은(2009), "자금조달결정, 투자결정 및 배당정책 간의 상호관계", 금융공학연구, 제8권 제1호, 45-73.

53) C. W. Smith Jr. and R. Watts(1992), "The Investment Opportunity Set and Corporate Financing, Dividend and Compensation Policies", Journal of Financial Economics, 32(3), 263-292; G. Fenn and N. Liang(2001), "Corporate Payout Policy and Managerial Stock Incentives", Journal of Financial Economic, 60(1), 45-72; 김용현(2005), "재무구조와 투자 및 배당의 동시결정에 관한 실증연구", 대한경영학회지, 제18권 제4호, 1,505-1,527; 신민식·김수은(2009), "자금조달결정, 투자결정 및 배당정책 간의 상호관계", 금융공학연구, 제8권 제1호, 45-73.

1) 국외 선행연구

(1) Miller and Modigliani(1961)의 연구

Miller and Modigliani(1961)는 최적배당결정은 최적자본구조를 실현하여 투자의 수익성을 높이고 아울러 기업가치의 최대화 또는 주가의 최대화를 달성하는 것이라고 하였다.[54] 기업의 영업활동이 양호하여 유보이익의 재투자수익률이 주주의 기회비용인 최저요구 수익률을 초과하게 되면, 주주는 현금배당을 지급받는 대신에 배당금이 기업에 유보되어 재투자되기를 원한다고 하였다. 기업이 수익성이 높은 투자안을 수행하기 위하여 필요한 투자자금을 조달할 경우, 최적자본구조를 유지하는 데 필요한 자기자본을 배당가능 이익에서 먼저 유보시킨 다음, 유보되지 않은 이익이 남아 있을 경우에는 잔여이익을 배당금으로 지급하게 된다고 하였다.

(2) Jensen and Meckling(1976)

Jensen and Meckling(1976)은 주주들을 두 가지 유형으로 분류하였다.[55] 기업을 경영하고 배타적으로 경영권을 행사하는 내부주주와 의사결정권을 갖고 있지 않은 외부주주로 분류하고, 내부경영자(managerial equity ownership)는 배당뿐만 아니라 부가적인 특권적

---

54) M. Miller and F. Modigliani(1961), "Dividend Policy, Growth and the Valuation of Shares", Journal of Business, 34, 411-433.

55) M. Jensen and W. Meckling(1976), "Theory of the Firm: Managerial Behavior, Agency Costs and Ownership Structure", Journal of Financial Economics, 3, 305-360.

소비에 의해 외부주주보다 더 많은 현금흐름을 향유할 가능성이 있다는 것을 지적하였다. 즉 경영자는 자신에게 유리한 투자나 재무정책을 채택하고, 그 결과 외부주주(outside shareholders)의 몫을 줄어들게 하는 결과를 초래할 수 있다고 하였다. 내부경영자의 소유지분비율이 낮을수록 이러한 유인은 증가하기 때문에 내부자의 지분율이 낮으면 기업가치는 증가하고, 내부지분율이 높으면 기업가치는 감소하게 된다고 하였다.

(3) Fazzari, Hubbard and Peterson(1988)

Fazzari, Hubbard and Peterson(1988)은 재무적 제약에 관한 기준으로 배당성향을 사용하여 표본 기업을 구분한 다음 현금흐름에 대한 고정자산 투자의 민감도를 분석하였다.[56]

일반적으로 성숙단계에 도달한 기업은 정보가 많이 공개되고 재무적 제약도 적기 때문에 고배당을 실시하는 반면에 아직 성장단계에 머물러 있는 기업은 정보가 적게 공개되고 재무적 제약도 많기 때문에 저배당을 실시할 가능성이 많다. 따라서 재무적 제약이 큰 기업은 투자의 재원으로써 가능한 내부자금에 의존하게 될 것이며, 이에 배당을 낮게 지급하고 내부유보를 높인다고 주장하였다. 그리고 저배당기업은 고배당 기업보다 현금흐름에 대한 고정자산 투자의 민감도가 높다는 것을 발견하였다.

---

56) S. Fazzari, R. Hubbard and B. Peterson(1988), "Financing Constraints and Corporate Investment", Brookings Papers on Economic Activity, 1, 141-195.

(4) Fenn and Liang(2001)

Fenn and Liang(2001)은 배당정책을 대리인비용의 관점에서 보면, 여유현금흐름이 많을수록, 자본비용이 낮을수록 배당이 증가한다고 하였다.[57] 또한, 이들은 대리인비용을 줄이기 위해서 경영자보상(managerial stock incentives)을 통하여 경영자와 주주의 이해관계를 일치시킬 필요가 있음을 제시하고 있다. Tobit 분석을 통하여 경영자 스톡옵션(stock option)은 배당수익률에 유의한 부(-)의 영향을 주며, 여유현금흐름(free cash flow)의 대용변수인 영업활동현금흐름/총자산은 배당수익률에 유의한 정(+)의 영향을 미친다고 하였다. 투자기회의 대용변수인 시장가치 대 장부가치, 외부자금조달비용의 대용변수인 부채비율, 영업이익의 변동성의 대용변수인 총자산영업이익률의 표준편차는 배당수익률에 유의한 부(-)의 영향을 미친다고 하였다. 이러한 분석결과는 대리인비용이 배당정책에 영향을 미치는 증거가 될 수 있다고 하였다.

2) 국내 선행연구

(1) 김용현(2005)의 연구

김용현(2005)은 1997년부터 2002년까지 102개 기업을 대상으로 이익-배당-투자에 관한 인과관계를 분석하였다. 분석결과 레버

---

57) G. Fenn and N. Liang(2001), "Corporate Payout Policy and Managerial Stock Incentives", Journal of Financial Economic, 60, 45-72.

리지비율, 투자비율, 배당비율의 세 가지 변수들이 서로 영향을 미치면서 동시에 결정되는 것을 발견하였다.[58]

재무구조결정모형에서 레버리지비율은 투자비율과 배당비율에 통계적으로 유의한 부(−)의 관계가 나타났고, 투자결정모형에서 투자비율은 레버리지비율 및 배당비율과 유의적인 부(−)의 관계가 나타났으며, 배당결정모형에서 배당비율 역시 레버리지비율과 투자비율에 통계적으로 유의한 부(−)의 관계로 나타났다.

(2) 최종범·서정원(2005)의 연구

최종범·서정원(2005)은 대리인비용, 투자기회, 영업·재무위험이라는 세 가지 요인이 24개 개별국가에서 기업의 배당수준에 미치는 영향을 분석하였다.[59] 종속변수인 배당수준의 대용변수로는 배당성향을 이용하였으며, 독립변수로 선택된 대리인비용, 투자기회, 영업·재무위험의 대용변수로 각각 내부지분율, 최근 5년간 매출액성장률, 주가변동성을 이용하였다.

분석결과 첫째, 대리인비용과 배당수준 간에는 약한 연관성이 있는 것으로 나타났다. 미국 이외의 대부분 국가에서 대리인비용의 대용치인 내부지분율과 배당수준 간의 관계는 미약한 것으로 나타났다. 따라서 미국 이외의 대부분의 나라에서 대리인이론이 지지되지 않는 것으로 나타났다. 둘째, 투자기회와 배당수준 간에는 약한 연관

---

58) 김용현(2005), "재무구조와 투자 및 배당의 동시결정에 관한 실증연구", 대한경영학회지, 제18권 제4호, 1,505-1,527.

59) 최종범·서정원(2005), "세계 각국의 배당정책 결정요인 검증", 증권학회지, 제34권 제4호, 69-110.

성을 보였다. 대다수의 국가에서 투자기회의 대용치인 매출액성장률, Tobin's Q 등은 배당 수준과 유의한 부(−)의 관련성이 나타나지 않았다. 셋째, 영업·재무위험과 배당수준 간에는 강한 연관성을 발견하였다. 거의 모든 국가에서 영업·재무위험의 대용치인 주가변동성과 배당수준과의 관계가 통계적으로 유의한 것으로 나타났다.

이러한 결과는 영업·재무 위험이 큰 기업들은 자금소요의 불확실성 때문에 높은 비용이 수반되는 외부자금의 조달을 피하기 위해 배당지급을 줄일 것이라는 예측과 일치한다고 보고하였다.

(3) 신민식·김수은(2009)의 연구

신민식·김수은(2009)은 1986년부터 2007년까지 521개 기업을 대상으로 자금조달결정과 투자결정 및 배당정책 간의 상호관계를 실증 분석하였다.[60]

분석결과 첫째, 투자결정과 배당정책은 자금조달결정과 유의한 부(−)의 관계를 가진다고 하였다. 둘째, 자금조달결정과 배당정책은 투자결정과 유의한 부(−)의 관계를 가지는 것으로 분석하였다. 셋째, 자금조달결정과 투자결정은 배당정책과 유의한 부(−)의 관계를 가진다고 하였다. 넷째, 강건성 검정의 차원에서, 3SLS 접근법을 사용하여 내생성을 고려하더라도 자금조달결정, 투자결정 및 배당정책은 상호 간에 유의적인 부(−)의 관계를 가진다고 하였다. 이는 기업들이 자금조달결정, 투자결정 및 배당정책 간의 상호관계를

---

60) 신민식·김수은(2009), "자금조달결정, 투자결정 및 배당정책 간의 상호관계", 금융공학연구, 제8권 제1호, 45-73.

가지고 있다는 것을 의미한다고 하였다.

〈표 Ⅲ-3〉 투자기회가 배당정책에 미치는 영향에 관한 국외 선행연구 요약

연구자	연구목적	연구방법 및 자료	연구결과
Miller et al. (1961)	최적배당결정과 최적자본구조	-	· 기업의 영업활동이 양호하여 유보이익의 재투자수익률이 주주의 기회비용인 최저요구수익률을 초과하게 되면, 주주는 배당 대신에 재투자되기를 원함. · 최적자본구조를 유지하는 데에 필요한 자기자본을 배당가능이익에서 먼저 유보시킨 다음 잔여이익을 배당금으로 지급
Jensen et al. (1976)	소유구조와 대리인비용 (이해일치 가설)	-	· 내부경영자는 배당뿐만 아니라 부가적인 특권적 소비에 의해 외부주주보다 더 많은 현금흐름을 향유함. 이는 경영자 자신에게 유리한 투자나 재무정책 채택 · 내부자 지분이 낮으면 기업가치는 증가하고, 내부지분율이 높으면 기업가치는 감소
Fazzari et al. (1988)	현금흐름에 대한 고정자산 투자의 민감도 분석	1970～1984년	· 성숙단계 기업은 정보가 많이 공개되어 재무적 제약도 적어 고배당 실시 · 성장단계 기업은 정보가 적게 공개되고 재무적 제약도 많아 저배당 실시 · 저배당기업은 고배당기업보다 고정자산 투자의 민감도가 높음.
Fenn et al. (2001)	배당정책과 대리인비용	1993～1997년 1,108개 기업토빗분석	· 여유현금흐름이 많을수록 자본비용이 낮을수록 배당이 증가 · 경영자 스톡옵션은 배당수익률에 유의한 부(-)의 영향 · 투자기회와 자금조달비용은 배당수익률에 유의한 부(-)의 영향 · 대리인비용이 배당정책에 영향을 미침.

〈표 Ⅲ-4〉 투자기회가 배당정책에 미치는 영향에 관한 국내 선행연구 요약

연구자	연구목적	연구방법 및 자료	연구결과
김용현 (2005)	이익과 투자 및 배당의 인과관계	1981~2003년 102개 기업	· 레버리지비율은 투자비율 및 배당비율과 유의적인 부(-)의 영향 · 투자결정모형에서 투자비율은 레버리지비율 및 배당비율과 유의적인 부(-)의 영향 · 배당결절모형에서 배당비율은 레버리지비율 및 투자비율과 유의적인 부(-)의 영향
최종범 등(2005)	세계 각국의 배당수준 결정요인	1995년, 2002년 24개국의 4,437개 다중회귀분석	· 대리인비용, 투자기회, 영업/재무위험이 배당성형에 미치는 영향분석 · 대리인비용과 배당수준 간의 약한 연관성 (미국 제외) · 투자기회와 배당수준 간의 약한 연관성 · 영업/재무위험과 배당수준 간의 강한 부(-)의 연관성을 가짐.
신민식 등(2009)	자금조달결정 과 투자결정 및 배당정책의 관계	1986~2007년	· 투자결정과 배당정책은 자금조달결정과 유의한 부(-)의 영향 · 자금조달결정과 배당정책은 투자결정과 유의한 부(-)의 영향 · 자금조달결정과 투자결정은 배당정책과 유의한 부(-)의 영향 · 기업들이 자금조달결정, 투자결정 및 배당정책 간의 상호관계가 있음.

3. 기업지배구조와 투자기회가 배당정책에 미치는 영향에 관한 선행연구

기업지배구조와 투자기회가 배당정책에 미치는 영향을 분석한 연구로는 La Porta et al.(2000), Jiraporm and Ning(2006), Lin and Shen(2012), 박광우·박래수·황이석(2005), 박경서·이은정(2006), 이가연·고영경(2010), 박경서·변희섭·이지혜(2011), 김동욱·전영환·김병곤(2013, 2014), 전영환·김동욱·김병곤(2014) 등이 있다.[61]

La Porta et al.(2000), Lin and Shen(2012) 등은 취약한 지배구조 기업에서 투자기회가 많은 기업들은 배당을 증가시킨다고 하였다.[62]

---

61) R. La Porta, F. Lopez-de-Silanes, A. Shleifer and R. Vishny(2000), "Agency Problems and Dividend Policies Around the World", Journal of Finance, 55, 1-33; P. Jiraporm and Y. Ning(2006), "Dividend Policy, Shareholder Rights and Corporate Governance", Journal of Applied Finance, 16, 24-36; K. Lin and C. Shen(2012), "The Impact of Corporate Governance on the Relationship between Investment Opportunities and Dividend Policy: An Endogenous Switching Model Approach", Asia-Pacific Journal of Financial Studies, 41, 125-145; 박광우·박래수·황이석(2005), "기업지배구조와 주주부의 배분에 관한 연구", 증권학회지, 제34권 제4호, 149-188; 박경서·이은정(2006), "외국인투자자가 한국기업의 경영 및 지배구조에 미치는 영향", 금융연구, 제20권 제2호, 73-113; 이가연·고영경(2010), "기관투자자지분율과 투자기회를 고려한 기업의 배당정책", 대한경영학회지, 제23권 제2호, 1,027-1,046; 박경서·변희섭·이지혜(2011), "상품시장에서의 경쟁과 기업지배구조의 상호작용이 투자와 배당에 미치는 영향", 재무연구, 제24권 제2호, 483-521; 김동욱·전영환·김병곤(2013), "기업지배구조가 투자기회와 배당정책의 관계에 미치는 영향에 관한 연구: 패널자료회귀모형과 내생적 전환회귀모형을 응용하여", 금융공학연구, 제12권 제3호, 131-153; 김동욱·전영환·김병곤(2014), "한국 가족기업의 지배구조와 투자기회가 배당정책에 미치는 영향에 관한 연구", 재무관리연구, 제31권 제2호, 107-140; 전영환·김동욱·김병곤(2014), "한국 재벌기업의 투자기회와 배당정책: 내생적 전환회귀모형에 의한 지배구조의 영향분석", Journal of the Korean Data Analysis Society, 16(3), 1,413-1,428.

62) R. La Porta, F. Lopez-de-Silanes, A. Shleifer and R. Vishny(2000), "Agency Problems and Dividend Policies Around the World", Journal of Finance, 55, 1-33; K. Lin and C. Shen(2012), "The Impact of Corporate Governance on the Relationship between Investment Opportunities and Dividend Policy: An Endogenous Switching Model Approach", Asia-Pacific Journal of Financial Studies, 41, 125-145.

1) 국외 선행연구

(1) La Porta, Lopez-de-Silanes, Shleifer and Vishny(2000)의 연구

La Porta et al.(2000)은 33개국의 총 4,103여 개의 기업을 대상으로 투자기회와 배당정책 간의 관계를 분석하였다.[63] La Porta et al.(2000)은 배당을 주주에 대한 법적 보호의 결과물로 보는 결과모형가설과 배당을 주주의 법적 보호를 위한 대안물(substitution)로 보는 대체모형가설을 제시하였다.

① 주주에 대한 법적 보호의 결과물로서의 배당

배당은 주주를 보호하기 위한 효과적인 법적 시스템의 결과 (outcome)라고 할 수 있다. 주주 권리보호가 효과적으로 이루어지는 시스템하에서는 소액주주들은 법적인 힘을 이용하여 회사로 하여금 이익금을 배당으로 지급하게 할 수 있다. 그렇게 함으로써 내부자(insiders)가 회사 수익을 자신들의 이익추구를 위해 과다하게 사용하는 것을 방지할 수 있다.

주주에 대한 권리보호가 잘되고 있는 나라에 있어 두 종류의 기업을 생각해보자. 한 회사는 좋은 투자기회와 높은 성장 전망이 있는 기업이다. 다른 한 회사는 투자기회가 부족한 기업이다.

투자자 보호가 잘되고 있는 국가에서 양호한 투자기회가 있는 기업에 투자하고 있는 주주들은 자신들의 권리가 보호되고 있다고

---

63) R. La Porta, F. Lopez-de-Silanes, A. Shleifer and R. Vishny(2000), "Agency Problems and Dividend Policies Around the World", Journal of Finance, 55, 1-33.

느끼기 때문에 미래의 높은 투자수익률을 기대하고 낮은 배당을 기꺼이 선택할 수 있다. 반면에 투자기회가 부족한 성숙한 회사에 투자하는 주주는 미래의 기대수익보다는 현재의 배당을 선호할 것이다. 결국, 주주보호가 잘되는 경우에 있어 높은 성장률을 보이는 회사는 낮은 성장률을 보이는 회사들보다 확연히 낮은 배당을 지불할 것이다. 이것은 투자기회가 양호할 때 법적으로 보호받는 주주들은 배당금보다는 투자성과를 선호하기 때문이다. 따라서 결과모형가설에 따르면 투자자 권리보호가 양호한 국가에서는 성장기회가 배당성향에 부(-)의 영향을 미치게 된다.

② 주주의 법적 보호를 위한 대안물로서의 배당

배당은 주주에 대한 법적 보호 장치의 대안물이 될 수 있다. 이러한 관점은 기업들이 외부금융시장으로부터 자금을 조달하는 경우에 쉽게 확인할 수 있다.

기업이 외부자금시장으로부터 좋은 조건의 자금을 조달하기 위해서는 주주의 권리를 잘 보호한다는 평판을 얻는 것이 필요하다. 주주의 권리를 잘 보호한다는 평판은 배당이라는 수단을 통해 획득할 수 있다. 즉 배당을 증가시킴으로써 주주의 권리를 잘 보호한다는 신호를 시장에 전달하고 명성을 쌓아갈 수 있다.

주주의 권리를 잘 보호한다는 평판은 소액주주들의 권리에 대해 법적 보호가 취약한 나라에서 더 가치 있게 작용할 수 있다. 결과적으로, 좋은 평판을 얻기 위한 배당 확대의 필요성은 주주 권리보호가 취약한 국가에서 더 높게 나타날 것이다. 반대로 주주에 대한 권리보호가 양호한 나라에서는 평판과 관련된 메커니즘의 작동 필요성이 낮을 것이다. 그렇기 때문에 배당을 확대할 필요성도 낮게 된다. 이러한 관점이 시사하는 바는 다른 조건이 동일할 경우, 주주들에 대한 법적 보호가 양호한 나라보다 취약한 나라에서 배당지급이 더 높게 나타날 수 있다는 것이다.

또한 이러한 관점에서 보면, 성장 전망이 높은 기업들은 외부자금조달의 필요성이 더 크기 때문에 주주 권리보호와 관련된 평판을 쌓는 것에 대해 더 큰 유인을 가질 수 있다. 즉 투자자 권리보호가 취약한 국가에서는 성장기회가 배당성향에 정(+)의 영향을 미치게 된다. 한편, 주주 권리보호가 양호한 국가에서는 기업차원에서 주주 권리보호에 관한 정보를 시장에 알릴 필요성이 낮기 때문에 고성장 기업의 배당성향은 낮아질 수 있다.

따라서 이러한 대체모형가설에 의하면 투자자 권리보호가 양호한 국가에서는 배당정책에 투자기회가 미치는 영향은 약하게 나타나지만, 투자자 권리보호가 취약한 국가에서는 투자기회가 배당에 증가 효과로 나타나게 된다.

La Porta et al.(2000)은 두 가설을 검증한 결과, 주주 권리를 보호하는 법이 잘 마련되어 있는 국가일수록 배당을 많이 지급하는 것으로 나타나 대체모형가설을 지지한다고 주장하였다.

(2) Jiraporm and Ning(2006)의 연구

Jiraporm and Ning(2006)은 대리인비용의 관점에서 배당정책의 결정요인을 분석하였다. 주주 권리의 보호정도에 대한 대용변수로 기업지배구조 개선정도를 사용하여 대리인비용과 배당정책 간의 관계를 분석하였다.[64]

분석결과, 주주 권리보호 정도가 낮을수록(기업지배구조 개선정도가 낮을수록) 더 많은 배당을 지급하는 것으로 나타났다. 이는 주주 권리보호 정도가 약한 기업이 주주의 권리를 침해하지 않음으로써 기업가치를 높일 수 있다는 La Porta et al.(2000)의 대체모형가설을 지지하는 결과라고 하였다.

(3) Lin and Shen(2012)

Lin and Shen(2012)은 2000년부터 2009년까지 대만의 상장기업들을 대상으로 내생전환모형을 사용하여 지배구조에 따른 투자기회와 배당정책 간의 관계를 분석하였다.[65] 분석결과 양호한 지배구조 기업에서는 배당과 투자기회 간의 영향관계는 나타나지 않았다. 하지만 취약한 지배구조 기업에서는 배당과 투자기회는 정(+)의 영향관계를 보였다. 이는 La Porta et al.(2000)이 주장한 대체모형가설을 지지하는 결과라고 하였다.

2) 국내 선행연구

(1) 박광우·박래수·황이석(2005)의 연구

박광우·박래수·황이석(2005)은 2003년도 358개 기업을 대상으로 지배구조가 주주부의 배분과 기업가치에 미치는 영향을 분석

---

64) P. Jiraporm and Y. Ning(2006), "Dividend Policy, Shareholder Rights and Corporate Governance", Journal of Applied Finance, 16, 24-36.

65) K. Lin and C. Shen(2012), "The Impact of Corporate Governance on the Relationship between Investment Opportunities and Dividend Policy: An Endogenous Switching Model Approach", Asia-Pacific Journal of Financial Studies, 41, 125-145.

하였다.[66] 분석결과 지배구조가 건전할수록 그리고 주주에 대한 배당지급이 많을수록 해당 기업의 가치가 높게 평가되는 것으로 나타났다. 즉 지배구조가 좋은 기업일수록 주주들에게 더 많은 부를 배분하고 있음을 발견하였다.

또한 지배구조와 대리인비용의 대용변수 간의 상호효과를 고려하여 기업지배구조와 배당정책과의 연관성을 분석한 결과, 지배구조가 배당수익률에 미치는 긍정적 효과는 성장기회가 많은 기업일수록, 그리고 대리인문제가 적은 기업일수록 더 크다는 결과도 확인하였다. 그러나 지배구조가 좋더라도 성장기회가 적은 기업이라면 많은 배당을 지급할 유인이 작은 것으로 나타나 여유현금흐름가설의 예측과 일치한다고 보고하였다.

(2) 박경서·이은정(2006)의 연구

박경서·이은정(2006)은 1993년부터 2003년까지 3,154개 기업을 대상으로 외국인투자자가 국내기업의 배당, 투자 및 지배구조에 미치는 영향을 분석하였다.[67] 분석결과 외국인투자자와 국내기업의 R&D투자 간의 관계는 외국인지분율변수와 수익성변수 간의 교차변수, 외국인지분율변수와 성장성 간의 교차변수는 모두 유의한 정(+)의 상관관계가 있다고 하였다. 이는 기업의 수익성이나 성장성이 높을 경우 외국인지분율이 투자에 미치는 부정적 효과를 상쇄

---

66) 박광우·박래수·황이석(2005), "기업지배구조와 주주부의 배분에 관한 연구", 증권학회지, 제34권 제4호, 149-188.

67) 박경서·이은정(2006), "외국인투자자가 한국기업의 경영 및 지배구조에 미치는 영향", 금융연구, 제20권 제2호, 73-113.

하기 때문이라고 하였다. 배당 및 투자의사 결정에 있어 외국인 투자자가 갖는 긍정적 영향력이 어떠한 경로를 통해 경영의사 결정에 전달되는가를 알아보기 위해 외국인지분율과 기업지배구조 간의 관계를 분석한 결과 외국인지분율이 높을수록 지배구조가 개선되는 것으로 나타났다. 이는 외국인투자자의 존재는 국내기업의 배당과 투자를 기업의 수익성과 성장성에 따라 합리적으로 결정하는 긍정적인 역할을 하기 때문이라고 하였다.

(3) 이가연·고영경(2010)의 연구

이가연·고영경(2010)은 1997년부터 2006년까지 4,891개 기업을 대상으로 국내기업 기관투자자들의 지분율과 배당정책 간의 관계를 분석하고 특히 투자기회가 있는 기업일 경우 미치는 영향에 대하여 분석하였다.[68]

분석결과, 외국인투자자들은 시가총액이 높고 배당을 지급하는 기업의 지분율 비중이 높은 반면에 국내 기관투자자들은 배당을 지급하지 않는 기업의 지분율 비중을 더 높인다는 것을 확인하였다. 즉 국내 기관투자자지분율과 배당성향과의 관계는 부(-)의 관계가 있는 것으로 나타났고, 외국인투자자지분율과 배당성향과는 정(+)의 관계를 확인하였다.

기관투자자지분율과 배당성향과의 관계를 토빗분석을 통해 분석한 결과, 국내 기관투자자지분율은 부(-)의 관계가, 외국인투자자

---

[68] 이가연·고영경(2010), "기관투자자지분율과 투자기회를 고려한 기업의 배당정책", 대한경영학회지, 제23권 제2호, 1,027-1,046.

지분율은 양(+)의 관계를 갖는 것으로 나타났다.

투자기회를 고려하여 교차항을 분석한 결과, 국내 기관투자자지분율이 있고 투자기회가 있는 기업일수록 배당성향은 더 높아지는 것으로 나타났다. 그러나 외국인투자자의 지분율이 있고 투자기회가 있는 기업일수록 배당성향을 더 낮아지는 것으로 나타났다. 결론적으로 외국인투자자들과 국내기관투자자들은 투자선호도가 다르다고 보고하였다.

(4) 박경서 · 변희섭 · 이지혜(2011)의 연구

박경서 · 변희섭 · 이지혜(2011)는 2004년부터 2008년까지 581개 기업을 대상으로 외부 기업지배구조로서 상품시장에서의 경쟁과 내부 기업지배구조의 상호작용이 어떤 방식으로 기업의 경영활동에 영향을 미치는가를 분석하였다.[69]

분석결과 지배구조가 좋은 기업은 경쟁이 활발한 상품시장에서 배당을 줄이고 투자를 확대하는 것으로 나타났다. 하지만 경쟁이 활발하지 않은 상품시장에서는 투자를 줄이고 배당을 늘리는 방식으로 경영활동을 규율하는 것으로 나타났다. 이는 상품시장경쟁이 활발한 경우 경영자가 높은 파산위험이나 경쟁위험으로 인하여 과잉 투자할 가능성이 적으므로, 좋은 기업지배구조가 투자를 늘리는 결정을 유도하고 있음을 의미한다고 하였다.

상품시장경쟁과 기업지배구조의 상호작용이 경영활동에 미치는

---

69) 박경서 · 변희섭 · 이지혜(2011), "상품시장에서의 경쟁과 기업지배구조의 상호작용이 투자와 배당에 미치는 영향", 재무연구, 제24권 제2호, 483-521.

영향이 재벌소속기업들과 독립기업 간에 차이가 존재하는 가를 확인한 결과, 재벌소속기업의 경우 기업지배구조와 상품시장경쟁의 교차효과가 사라지는 것으로 나타났다. 반면 독립기업의 경우 경쟁이 활발한 상품시장에서 기업지배구조를 좋게 갖춘 경우 투자가 증가하는 것으로 나타났다.

(5) 김동욱·전영환·김병곤(2013)의 연구

김동욱·전영환·김병곤(2012)은 2004년부터 2012년까지 한국거래소 유가증권시장에 상장된 기업 중에서 5,119개를 대상으로 기업지배구조가 투자기회와 배당정책의 관계에 미치는 영향을 분석하였다.[70]

분석결과, 투자기회는 배당정책에 유의하게 정(+)의 영향을 미친다는 것을 알 수 있었다. 투자기회가 많은 고성장기업의 경우 배당을 증가시키는 경향이 있음을 확인할 수 있었다. 기업을 지배구조가 양호한 집단과 취약한 집단으로 나누어 분석한 결과에서는 취약한 지배구조집단에서 투자기회가 배당에 정(+)의 영향을 미치는 것으로 나타났다. 이러한 결과는 대체모형가설을 지지하는 결과로 해석할 수 있었다. 즉 주주에 대한 권리보호가 취약한 기업에서는 주주의 법적권리를 보호한다는 신호로 배당정책을 활용하고 있는 것으로 이해할 수 있었다. 내생적 전환회귀모형을 사용한 투자기회와 배당정책 간의 분석 결과에서도 대체모형가설이 지지된다

---

70) 김동욱·전영환·김병곤(2013), "기업지배구조가 투자기회와 배당정책의 관계에 미치는 영향에 관한 연구: 패널자료회귀모형과 내생적 전환회귀모형을 응용하여", 금융공학연구, 제12권 제3호, 131-153.

는 것으로 나타났다.

(6) 김동욱·전영환·김병곤(2014)의 연구

김동욱·전영환·김병곤(2014)은 2005년부터 2012년까지 한국거래소 유가증권시장에 상장된 기업 4,387개 중 가족기업을 대상으로 한국 재벌기업의 투자기회와 배당정책에 대하여 분석하였다.[71]

분석결과, 가족기업들의 경우 지배구조의 특성이 투자기회와 배당정책 간의 관계에 주요한 영향을 미치고, 양호한 지배구조체제를 갖춘 가족기업은 투자기회가 증가하면 배당을 감소시킨다는 것을 확인할 수 있었다. 이는 La Porta et al.(2000)이 제시한 결과모형가설이 지지되는 것으로 나타났다.

(7) 전영환·김동욱·김병곤(2014)의 연구

전영환·김동욱·김병곤(2014)은 2005년부터 2012년까지 한국거래소 유가증권시장에 상장된 1,139개 재벌기업을 대상으로 내생적 전환회귀모형을 응용하여 분석하였다.[72]

분석결과, 재벌기업의 경우 양호한 지배구조체제에서 투자기회가 높을수록 배당지급을 감소시킨다는 것을 알 수 있었다. 하지만 취약한 지배구조체제에서는 투자기회가 배당정책에 유의적인 영향을 미친다는 증거는 확인할 수 없었다. 이는 La Porta et al.(2000)이

---

71) 김동욱·전영환·김병곤(2014), "한국 가족기업의 지배구조와 투자기회가 배당정책에 미치는 영향에 관한 연구", 재무관리연구, 제31권 제2호, 107-140.

72) 전영환·김동욱·김병곤(2014), "한국 재벌기업의 투자기회와 배당정책: 내생적 전환회귀모형에 의한 지배구조의 영향분석", Journal of the Korean Data Analysis Society, 16(3), 1,413-1,428.

제시한 결과모형가설이 지지되는 것으로 나타났다. 재벌기업 중에서 30대 재벌기업만을 대상으로 분석한 결과에서는 양호한 지배구조체제에서는 투자기회가 높을수록 배당지급을 감소시킨다는 것을 알 수 있었고, 취약한 지배구조체제에서는 투자기회가 높을수록 배당지급을 증가시킨다는 것을 알 수 있었다. 30대 재벌기업만을 대상으로 분석한 결과는 La Porta et al.(2000)이 제시한 결과모형가설과 대체모형가설이 모두 지지되는 것으로 나타났다.

〈표 Ⅲ-5〉 기업지배구조와 투자기회가 배당정책에 미치는 영향에 관한
국외 선행연구 요약

연구자	연구목적	연구방법 및 자료	연구결과
La Porta et al. (2000)	대리인문제와 배당정책(결과모형가설과 대체모형가설)	1978~1993년 4,103개 기업	· 주주 권리가 잘 보호되어 있는 경우 경영자에 대한 감시활동으로 배당을 많이 지급하게 되며(결과모형가설), 주주 권리가 잘 보호되어 있는 경우 대리인문제가 심각하지 않으므로 대리인비용 절감을 위하여 굳이 배당을 과다하게 지급하지 않음(대체모형가설). · 주주 권리를 보호하는 법이 잘 마련되어 있는 국가일수록 배당을 많이 지급하는 것으로 나타나 경영자기회가설 지지
Jiraporn et al. (2006)	대리인문제와 배당정책을 결과모형가설과 대체모형가설로 검증	1993년, 1995년, 1998년, 2000년, 2002년 3,732개 기업	· 대리인비용의 관점에서 배당정책의 결정요인 분석 · 주주 권리의 보호정도가 낮을수록 더 많은 배당을 지급하는 것으로 나타나 La Porta 등 (2000)의 대체모형가설을 지지하는 결과를 보임.
Lin et al. (2012)	투자기회와 배당정책의 기업지배구조의 관계	2000~2009년 268개 기업, 내생전환모형	· 약한 지배구조 기업에서 배당과 투자기회는 정(+)의 영향 · 강한 지배구조 기업에서 배당과 투자기회는 영향이 없음. · La Porta 등의 대체모형가설 지지

<표 Ⅲ-6> 기업지배구조와 투자기회가 배당정책에 미치는 영향에 관한
국내 선행연구 요약

연구자	연구목적	연구방법 및 자료	연구결과
박광우 등(2005)	지배구조에서 주주부의 배분과 기업가치	2003년 358개 기업	· 기업지배구조가 건전하고 주주 배당지급이 많을수록 기업가치 높게 평가 · 기업지배구조가 배당수익률에 미치는 긍정적 효과는 성장기회가 많고 대리인문제가 적을수록 더 큼.
박경서 등(2006)	외국인 투자자의 국내기업의 배당, 투자 및 지배구조의 관계	1993~2003년 822개 기업, 패널회귀분석	· 외국인투자자와 국내기업의 연구개발투자 간의 관계는 외국인지분율변수와 수익성변수 간의 교차변수는 유의한 정(+)의 영향 · 외국인지분율변수와 성장성 간의 교차변수는 유의한 정(+)의 영향 · 외국인지분율이 높을수록 지배구조 개선 · 외국인투자자는 국내기업의 배당과 투자를 기업의 수익성과 성장성에 따라 결정
이가연 등(2010)	기관투자자의 지분율과 배당정책 간의 연관성	1997~2006년 4,891개 기업, 로직모형과 토빗모형분석	· 토빗분석을 통한 배당성향과의 관계분석 결과 국내기관투자자는 부(-)의 관계인 반면, 외국기관투자가는 정(+)의 관계 · 투자기회를 고려한 기관투자자지분율과 배당지급성향과의 분석결과 국내기관투자자는 정(+)의 관계인 반면, 외국기관투자자는 부(-)의 관계
박경서 등(2011)	지배구조의 상호작용이 투자와 배당에 미치는 영향	2004~2008년 581개 기업, 패널회귀모형	· 지배구조가 좋은 기업은 경쟁이 활발한 상품시장에서 배당을 줄이고 투자를 확대 · 경쟁이 활발하지 않은 상품시장에서 투자를 줄이고 배당을 늘림. · 좋은 지배구조가 투자를 늘리는 결정을 유도

〈표 Ⅲ-7〉 기업지배구조와 투자기회가 배당정책에 미치는 영향에 관한
국내 선행연구 요약

연구자	연구목적	연구방법 및 자료	연구결과
김동욱 등(2013)	기업지배구조에서 투자기회와 배당정책의 관계	2004~2012년 5,119개 기업, 패널회귀분석, 내생적 전환회귀분석	· 패널자료회귀분석에서 투자기회는 배당정책에 유의하게 정(+)의 영향 · 내생적 전환회귀분석에서 투자기회와 배당정책 간의 영향관계 La Porta et al.(2000)의 결과모형가설 지지
김동욱 등(2014)	가족기업지배구조에서 투자기회와 배당정책의 관계	2004~2012년 4,387개 기업, 패널회귀분석, 내생적 전환회귀분석	· 패널자료회귀분석에서 가족기업 중 최대주주 및 그 친인척의 지분율이 50% 이상이 되는 경우에는 가족기업 특성이 배당성향에 부(-)의 영향 · 내생적 전환회귀분석에서 양호한 지배구조 체제를 갖춘 가족기업은 투자기회가 증가하면 배당을 감소시켜 La Porta et al.(2000)의 결과모형가설 지지
전영환 등(2014)	재벌기업의 지배구조에서 투자기회와 배당정책 간의 관계	2005~2012년 1,139개 기업, 내생적 전환회귀분석	· 지배구조가 양호하고 투자기회가 높은 재벌기업의 경우 배당을 감소 La Porta et al.(2000)이 제시한 결과모형가설 지지 · 30대 재벌기업만을 대상으로 분석한 결과 La Porta et al.(2000)의 결과모형가설과 대체모형가설 모두 지지

제4장

지배구조와 투자기회의 영향분석 방법

1. 표본기업의 선정 및 분석기간

본 연구에서 표본기업으로는 2005년부터 2013년까지 한국거래소 유가증권시장에 상장된 총 4,915개의 기업을 선정하였다. 2005년 이후 분석 당해 연도에 결산자료를 공표하여 회계자료를 입수할 수 있는 12월 결산법인으로 표본기간동안 결산기를 변경하지 않은 비금융업종 기업이다.

표본대상 기업에서 은행·보험·증권 등 금융업종의 기업을 제외시킨 것은, 한국에서 은행·보험·증권산업은 규제산업으로 지배구조나 경영형태 등에서 비금융업종의 기업과 매우 다르기 때문이다.

본 연구에서 핵심변수 중의 하나인 배당성향에서 음(-)의 값을 갖는 기업은 분석결과를 왜곡시키거나 적절성을 위협할 수 있기 때문에 표본에서 제외시켰다. 또한 배당성향이 100% 이상인 기업은 배당성향변수의 값을 100%로 제한시켜 분석하였다. 또한 본 연구에 사용된 변수들에 있어 어느 하나라도 그 값이 극단치에 해당하는 경우에는 해당 기업을 표본에서 제외하였다.

자료는 한국신용평가(주)의 KIS-VALUE와 한국상장회사협의회의 TS2000을 이용하였다.

2. 실증연구방법론

본 연구에서 사용되는 자료는 횡단면자료를 시간적으로 연결한 것이기 때문에 횡단면 자료에서 나타날 수 있는 이분산(heteroscedasticity)의 문제와 시계열 자료가 갖는 계열상관의 문제가 동시에 나타날 수 있다. 따라서 본 연구에서는 시계열·횡단면 자료를 통합한 불균형 패널자료(unbalance panel data)를 형성하여 분석하는 방법을 사용한다.

또한 기업의 양호한 지배구조(SCG) 혹은 취약한 지배구조(WCG)의 선택이 배당정책의 결정구조와 연계되어 내생적(endogenous)으로 결정된다면 지배구조와 배당정책 간의 내생성문제가 투자기회와 배당정책 간의 관계를 분석하는 데 영향을 미칠 수 있다. 따라서 이러한 문제를 해결하고 분석하기 위하여 내생적 전환회귀모형(endogenous switching regression model)을 응용한 분석도 실시한다.

1) 패널자료분석법

(1) 패널자료회귀모형의 추정방법

본 연구에 사용되는 자료는 횡단면 자료(cross-section data)를 시간적으로 연결한 자료이기 때문에 횡단면 자료에서의 이분산의 문제와 시계열 자료에서의 계열상관의 문제가 동시에 나타날 수 있다. 따라서 이러한 문제를 해결하기 위하여 시계열자료와 횡단면자료를 통합한 패널자료를 형성하여 분석한다.

패널자료분석은 Baltagi(1995), Hsiao(1986), Matyas and Sevestre(1992) 등이 지적한 것처럼 순수한 횡단면이나 시계열분석에서 간단하게 찾을 수 없는 랜덤효과들을 측정하고 확인할 수 있는 장점이 있다.[73] 이를 통해 시간에 따른 개체특성의 변동효과(individual specific effect)와 개체에 따른 시간특성의 변동효과(time specific effect)를 복합적으로 반영하여 신뢰할 수 있는 모수들의 추정과 예측이 가능하게 된다.

패널자료분석을 위한 선형회귀모형은 (1)식과 같이 나타낼 수 있다.

$$\boldsymbol{y} = x\beta + \boldsymbol{\mu} \qquad\qquad (1)$$

단, $y = (y_{11}, y_{12}, \cdots, y_{1T}, \cdots, y_{N1}, \cdots, y_{NT})$

---

73) B. H. Baltagi and Q. Li(1995), "Testing AR(1) against MA(1) Distribances in an Error Component Model", Journal of Econometrics, 68, 133-151; C. Hsiao(1986), Analysis of Panel Data. Cambridge, Cambridge University Press, Econometric Society Monograph 11, 128-153; L. Matyas and P. Sevestre(1992), The Econometrics of Panel Data: Handbook of Theory and Applications, Kluwer Academic Publishers, Dordrecht.

$$x = (x_{11}, \ x_{12}, \ \cdots, \ x_{1T}, \ \cdots, \ x_{N1}, \ \cdots, \ x_{NT})'$$

x_{it}: $p \times 1$인 설명변수 벡터

β: $p \times 1$인 회귀계수 벡터

$$\mu = (\mu_{11}, \ \mu_{12}, \ \cdots, \ \mu_{1T}, \ \cdots, \ \mu_{N \sim 1}, \ \cdots, \ \mu_{NT})'$$

이때 오차항 μ_{it}가 이원오차성분모형(two way error components model)을 갖는다고 하면 오차항은 (2)식과 같이 나타낼 수 있다.

$$\mu_{it} = \eta_i + \lambda_t + e_{it} \tag{2}$$

여기서 η_i는 관측할 수 없는 개체효과를 나타내고, λ_i는 시간효과를 나타낸다. e_{it}는 나머지 오차를 나타낸다. (2)식에서 η_i와 λ_t가 고정되어 있고, $e_{it} \sim i.i.d.(0, \sigma_e^2)$인 경우 고정효과모형이라고 한다. 이때 오차항의 공분산행렬(covariance matrix)은 (3)식과 같이 된다(Wallace and Hussian, 1969).[74]

$$\Omega = (I_N \otimes I_T) - (I_N \otimes \hat{J}_T) - (\hat{J}_N \otimes I_T) + (\hat{J}_N \otimes \hat{J}_T) \tag{3}$$

여기서 I_N과 I_T는 각각 차원이 N과 T인 단위행렬이고, J_N과 J_T는 모든 원소가 1인 $N \times N$과 $T \times T$행렬이다. 따라서 $\hat{J}_T = \dfrac{J_T}{T}$이고, $\hat{J}_N = \dfrac{J_N}{N}$이다.

---

74) T. D. Wallace and A. Hussian(1969), "The Use of Error Components Model in Combining Time-series with Cross-section Data", Econometrica, 37, 55-72.

이때, (1)식의 가변수 최소자승 추정량(least-square-with-dummy-variables estimator, LSDV estimator)은 (4)식과 같이 구할 수 있다.

$$\hat{\beta} = (x' \Omega x)^{-1} x' \Omega y \qquad (4)$$

(2)식에서 η_i와 λ_t가 확률변수이고 $\eta_i \sim i.i.d.(0, \sigma_\eta^2)$, $\lambda_t \sim i.i.d.(0, \sigma_\lambda^2)$, $e_{it} \sim i.i.d.(0, \sigma_e^2)$인 경우 확률효과모형이라고 한다. 이때 오차항의 분산−공분산행렬(variance-covariance matrix)은 (5)식과 같이 된다.

$$\Omega = \sigma_\eta^2(I_N \otimes J_T) + \sigma_\lambda^2(J_N \otimes I_T) + \sigma_e^2(I_N \otimes I_T) \qquad (5)$$

이때 $\Omega^{-1} = \sum_{i=1}^{4} \frac{1}{\lambda_i} Q_i$이다. 여기서 $Q_1 = (E_N \otimes E_T)$, $Q_2 = (E_N \otimes \hat{J}_T)$, $Q_3 = (\hat{J}_N \otimes E_T)$, $Q_4 = (\hat{J}_N \otimes \hat{J}_T)$이고, $E_N = I_N - \hat{J}_N$, $E_T = I_T - \hat{J}_T$이다.

따라서 (1)식 확률효과모형의 GLS추정량은 (6)식과 같다.

$$\tilde{\beta}_{GLS} = (x'\Omega^{-1}x)^{-1}x'\Omega^{-1}y \qquad (6)$$

(2) 패널자료 검증모형의 적합성 검증방법

패널자료분석법은 추정모형의 상수항이 횡단면 또는 시계열에 따라 동일한지의 여부와 오차항의 구조에 대한 가정에 따라 다양하다. 모형의 적합성을 추정하는 첫 번째 단계는 모형 내에 기업특성효과(η_i)와 시간특성효과(λ_t)가 존재하는가의 여부를 검정하는 것이다. 즉, 귀무가설(H_0) $\sigma_\eta^2 = \sigma_\lambda^2 = 0$을 설정하고, 귀무가설이 채택되는 경우에는 기업특성효과와 시간특성효과가 존재하지 않으므로 일반최소자승법(OLS)으로 효율적인 추정량을 구할 수 있다. 그러나 귀무가설이 기각되는 경우에는 오차항은 $n_i + \lambda_t + e_{it}$와 같이 되고, n_i와 λ_t의 존재 때문에 일반최소자승법으로 효율적인 추정량을 구할 수 없게 된다. 이러한 경우 가설검정은 Breusch and Pagan(1980)이 제시한 라그랑지 승수 검정(Lagrange Multiplier Test)에 의할 수 있는데,[75] (7)식의 통계량 g는 점근적으로 $x^2(2)$분포를 하게 된다.

$$g = \frac{NT}{2(T-1)}[\frac{\sum_{i=1}^{N}(\sum_{t=1}^{T}\mu_{it})^2}{\sum_{i=1}^{N}\sum_{t=1}^{T}\mu_{it}^2}-1]^2 + \frac{NT}{2(N-1)}[\frac{\sum_{t=1}^{T}(\sum_{i=1}^{N}\mu_{it})^2}{\sum_{t=1}^{T}\sum_{i=1}^{N}\mu_{it}^2}-1]^2 \sim x^2(2) \quad (7)$$

단, N: 기업 수

  T: 분석연도 수

  μ_{it}: 최소자승잔차

(7)식의 g통계량을 두 항으로 분리하여 사용하면 $\sigma_n^2 = 0$과 $\sigma_\lambda^2 = 0$의 귀무가설을 각각 $x^2(1)$으로 검정할 수 있다.

모형에서 n_i와 λ_t의 존재가 확인되는 경우 두 번째 단계는 n_i와 λ_t를 고정효과모형(fixed effect model 또는 dummy variable model)으로 추정할 것인가 또는 확률효과모형(random effect model 또는 variance components model)으로 추정할 것인가를 검정하여야 한다. 고정효과모형은 n_i와 λ_t가 고정되어 있다고 가정하고 가변수최소자승법(least squares dummy variable, LSDV)을 모수추정방법으로 활

---

75) T. S. Breusch and A. R. Pagan(1980), "The Lagrange Multiplier Test and Its Applications to Model Specification in Econometrics", Review of Economic Studies, 47, 239-254.

용하는 모형이다. 확률효과모형은 η_i와 λ_t를 확률변수로 가정하고 일반화최소자승법(generalized least squares, GLS)을 모수추정방법으로 활용하는 모형이다.

두 모형의 적합성을 비교하기 위해서는 개별효과를 나타내는 기업특성변수(η_i)와 시간특성효과(λ_t)가 독립변수(x_{it})와 상관관계가 없다는 귀무가설[H_0: $E(\eta_i/x_{it})=0$, $E(\lambda_t/x_{it})=0$]을 설정하고, 하우즈만 검정(Hausman Test)을 실시한다.[76] 만약 $E(\eta_i/x_{it})=0$, $E(\lambda_t/x_{it})=0$ 이라는 귀무가설이 채택될 경우에는 확률효과모형에 의한 GLS추정량이 일치성과 효율성을 가지게 되어 확률효과모형으로 추정하는 것이 바람직하다. 그러나 귀무가설이 기각된다면 GLS추정량은 불일치성을 가지게 되므로 고정효과모형에 의한 추정이 바람직하게 된다(Hausman, 1978).[77]

고정효과모형의 적합성을 확인하기 위해서는 귀무가설(H_0): $\eta_1 = \eta_2 = \cdots = \eta_{N-1} = 0$과 $\lambda_1 = \lambda_2 = \cdots = \lambda_{T-1} = 0$을 설정하고 F-검정을 실시할 수 있다. 이때 귀무가설이 기각되는 경우 고정효과가 존재하는 것으로 해석할 수 있다.

2) 내생적 전환회귀분석

본 연구에서 내생적 전환회귀분석은 두 개의 회귀방정식(two regression equation)과 하나의 평가함수(criterion function)로 구성된

---

76) J. A. Hausman(1978), "Specification Tests in Econometrics", Econometrica, 46, 1,251-1,272.

77) 고정효과모형은 누락변수와 독립변수 사이에 상관성이 존재하여도 추정결과에 편의가 발생하지 않는 장점을 가진다(Chamberlain and Griliches, 1984).

다. 평가함수(I_i)는 표본이 어떤 체제(regime)에 속하는가를 결정하는 역할을 한다.

$$I_i = 1 \quad \text{if } \gamma Z_i + u_i > 0$$

$$I_i = 0 \quad \text{if } \gamma Z_i + u_i \leq 0$$

Regime1: $y_{1i} = \beta_1 x_{1i} + \epsilon_{1i} \quad \text{if } I_i = 1,$

Regime2: $y_{2i} = \beta_2 x_{2i} + \epsilon_{2i} \quad \text{if } I_i = 0 \qquad\qquad (8)$

여기서 y_{ji}는 연속적 방정식(continuous equations)의 종속변수(dependent variables)를 나타내고, x_{1i}와 x_{2i}는 외생변수(exogenous variables) 벡터를 나타낸다. β_1, β_2, γ는 모수 벡터(parameters vectors)를 나타낸다. u_i, ϵ_{1i}, ϵ_{2i}는 평균 벡터가 0의 값을 갖고, 공분산 매트릭스가 Ω과 같은 삼변량정규분포(trivariate normal distribution)를 갖는다고 가정한다.

$$\Omega = \begin{bmatrix} \sigma_u^2 & \sigma_{1u} & \sigma_{2u} \\ \sigma_{1u} & \sigma_1^2 & \cdot \\ \sigma_{2u} & \cdot & \sigma_2^2 \end{bmatrix}$$

여기서 σ_u^2는 선택방정식의 오차항의 분산이고, σ_1^2과 σ_2^2은 연속적 방정식의 오차항의 분산이다. σ_{1u}는 u_i와 ϵ_{1i}의 공분산이고, σ_{2u}는 u_i와 ϵ_{2i}의 공분산이다. y_{1i}와 y_{2i}는 동시적으로 관찰(observed)되지 않기 때문에 ϵ_{1i}와 ϵ_{2i} 간의 공분산은 정의되지 않는다. σ_u^2는 1로 가정할 수 있다. 이러한 오차항에 대한 분포가 주어진 상황에서 내생적 전환회귀분석은 완전정보 최우추정법(full information maximum likelihood, FIML) 알고리즘에 의해 모수(parameter)를 추정하는 방법이 사용된다.

$$\ln L = \sum_i (I_i w_i \left[\ln\{F(\eta_{1i})\} + \ln\{f(\epsilon_{1i}/\sigma_1)/\sigma_1\} \right] + \tag{9}$$

$$(1 - I_i) w_i \left[\ln\{1 - F(\eta_{2i})\} + \ln\{f(\epsilon_{2i}/\sigma_2)/\sigma_2\} \right])$$

여기서 F는 누적정규분포함수(cumulative normal distribution function)이고, f는 정규밀도분포함수(normal density distribution function)이다. w_i는 관찰치 i의 선택적 가중치이다. η_{ji}는 다음과 같다.

$$\eta_{ji} = \frac{(\gamma Z_i + \rho_j \epsilon_{ji}/\sigma_j)}{\sqrt{1 - \rho_j^2}} \qquad j = 1, \ 2 \tag{10}$$

여기서 $\rho_1 = \sigma_{1u}^2/\sigma_u \sigma_1$은 ϵ_{1i}와 u_i의 상관계수이고, $\rho_2 = \sigma_{2u}^2/\sigma_u \sigma_2$는 ϵ_{2i}와 u_i의 상관계수이다. ρ_1과 ρ_2이 -1에서 1의 범위값을 갖고, σ_1과 σ_2가 항상 정(+)의 값을 가질 수 있도록 최우추정법에 의해 $\ln\sigma_1$과 $\ln\sigma_2$, atanh ρ를 추정한다.

$$\text{atanh} \ \rho_j = \frac{1}{2} ln\left(\frac{1 + \rho_j}{1 - \rho_j} \right) \tag{11}$$

3. 가설 설정

본 연구의 목적은 한국기업을 대상으로 기업의 지배구조와 투자 기회가 배당정책에 미치는 영향을 분석하는 것이다. 이를 위해 먼 저 지배구조가 배당정책에 미치는 영향을 분석하고, 둘째, 투자기 회가 배당정책에 미치는 영향을 분석한다. 또한 La Porta et al.(2000) 의 연구에서 제시한 결과모형가설과 대체모형가설을 단일 국가 내 개별 기업차원에 적용하여 지지 여부를 분석한다.

기업은 경영자와 투자자 사이의 정보비대칭문제와 대리인문제를 완화시키는 수단으로 배당정책을 활용할 수 있다고 하였다. 즉 정 보비대칭문제와 대리인문제가 큰 경우에 배당을 증가시킴으로써 이러한 문제를 완화시킬 수 있다고 하였다. 따라서 지배구조와 배 당성향의 관계를 [가설1]로 설정하여 분석한다.

[가설1] 지배구조가 배당성향에 정(+)의 영향을 미친다.

한편 투자기회가 많은 기업은 배당을 증가시키는 특성이 있다고 하였다. 따라서 투자기회와 배당의 관계를 검정하기 위하여 [가설 2]를 설정하여 분석한다.

[가설2] 투자기회가 배당성향에 정(+)의 영향을 미친다.

La Porta et al.(2000)에 의하면 경영자의 대리인문제는 경영자에 대한 감시기능을 수행하는 기업지배구조를 통해 줄일 수 있다고 하였다. 즉 지배구조가 양호하고 고성장 기회의 기업일 경우 대리인문제를 줄이기 위해 배당지급이 낮을 것이라는 결과모형가설과 지배구조가 취약하고 고성장 기회의 기업일 경우 배당지급이 높아진다는 대체모형가설을 제시하였다.

따라서 양호한 지배구조에서 투자기회와 배당정책 간에는 부(−)의 관계가 예상되고, 반대로 취약한 지배구조에서 투자기회와 배당정책 간에는 정(+)의 영향관계가 예상된다. 즉 결과모형가설의 지지 여부를 검증하기 위한 [가설3]과 대체모형가설의 지지 여부를 검증하기 위한 [가설4]를 설정하여 분석한다.

[가설3] 지배구조가 양호한 기업의 경우 투자기회가 많을수록 배당성향이 낮은 특징이 있다.

[가설4] 지배구조가 취약한 기업의 경우 투자기회가 많을수록 배당성향이 높은 특징이 있다.

4. 실증분석 모형

본 연구에서는 [가설1]과 [가설2]를 검정하기 위해 패널자료회귀분석(panel data regression analysis)을 이용하였고, [가설3]과 [가설4]를 검정하기 위해 내생적 전환회귀분석(endogenous switching regression analysis)을 이용하였다. 이를 위해 다음과 같은 패널자료회귀모형 (panel data regression model)과 내생적 전환회귀모형(endogenous switching regression model)을 설정하여 분석한다.

1) 패널자료회귀모형

투자기회가 배당정책에 미치는 영향을 분석하기 위한 패널자료 회귀모형은 종속변수에 배당성향(DIV)을 사용하고, 설명변수는 투자기회(MB) 변수를 사용한다. 기업특성을 통제하기 위해서 외국인지분율(FOR), 레버리지비율(LEV), 잉여현금흐름비율(FCF), 유동비율($CURR$), 기업규모($SIZE$), 투하자본수익률($ROIC$), 매출액증가율($GROW$), 설립연수(AGE), 금융위기기간더미(FRD)를 사용한다. 이때 오차항은 시간에 따른 기업특성효과(individual specific effect)와 기업에 따른 시간특성효과(time specific effect)를 복합적으로 반영할 수 있도록 기업효과(η_i), 시간효과(λ_t), 나머지 오차($e_{i,t}$)로 나누어 모형에 포함시킨다.

(12)식은 지배구조더미(GD), 지배구조와 투자기회의 상호작용더미($MB \cdot GD$), 투자기회(MB)가 배당성향(DIV)에 미치는 영향관계를 분석하기 위한 식이다. (13)식은 외국인지분율(FOR), 레버리지비율(LEV), 잉여현금흐름비율(FCF), 유동비율($CURR$), 기업규모($SIZE$), 투하자본수익률($ROIC$), 매출액증가율($GROW$), 설립연수(AGE), 금융위기기간더미(FRD)를 통제한 상황에서 지배구조더미(GD), 지배구조와 투자기회의 상호작용더미($MB \cdot GD$), 투자기회(MB)가 배당

성향(DIV)에 미치는 영향관계를 분석하기 위한 식이다.

한편 앞의 이론적 배경에서 기업의 배당정책은 가족경영이나 재벌기업 특성에 의해 영향을 받을 수 있다고 하였다. 따라서 가족경영과 재벌기업 여부에 따라 투자기회가 배당정책에 미치는 영향이 달라지는가를 분석할 필요가 있다. (14)식과 (15)식은 이러한 특성을 반영하여 분석하기 위한 모형이다.

(14)식은 가족경영 특성을 반영하여 분석하기 위하여 (13)식에 통제변수로 가족기업더미($FAMILY$)를 포함시킨 것이다. (15)식은 재벌기업 특성을 반영하여 분석하기 위하여 (13)식에 재벌기업더미(CB)를 포함시킨 것이다.

$$DIV_{i\,t} = \alpha + \beta_1 GD_{i\,t} + \beta_2 MB \cdot GD_{i\,t} + \beta_3 MB_{i\,t} + \eta_i + \lambda_t + e_{i\,t} \tag{12}$$

$$\begin{aligned} DIV_{i\,t} = {} & \alpha + \beta_1 GD_{i\,t} + \beta_2 MB \cdot GD_{i\,t} + \beta_3 MB_{i\,t} + \beta_4 FOR_{i\,t} + \beta_5 LEV_{i\,t} \\ & + \beta_6 FCF_{i\,t} + \beta_7 CURR_{i\,t} + \beta_8 SIZE_{i\,t} + \beta_9 ROIC_{i\,t} + \beta_{10} GROW_{i\,t} \\ & + \beta_{11} AGE_{i\,t} + \beta_{12} FRD_{i\,t} + \eta_i + \lambda_t + e_{i\,t} \end{aligned} \tag{13}$$

$$\begin{aligned} DIV_{i\,t} = {} & \alpha + \beta_1 GD_{i\,t} + \beta_2 MB \cdot GD_{i\,t} + \beta_3 MB_{i\,t} + \beta_4 FOR_{i\,t} + \beta_5 LEV_{i\,t} \\ & + \beta_6 FCF_{i\,t} + \beta_7 CURR_{i\,t} + \beta_8 SIZE_{i\,t} + \beta_9 ROIC_{i\,t} + \beta_{10} GROW_{i\,t} \\ & + \beta_{11} AGE_{i\,t} + \beta_{12} FRD_{i\,t} + \beta_{13} FAMILY_{i\,t} + \eta_i + \lambda_t + e_{i\,t} \end{aligned} \tag{14}$$

$$\begin{aligned} DIV_{i\,t} = {} & \alpha + \beta_1 GD_{i\,t} + \beta_2 MB \cdot GD_{i\,t} + \beta_3 MB_{i\,t} + \beta_4 FOR_{i\,t} + \beta_5 LEV_{i\,t} \\ & + \beta_6 FCF_{i\,t} + \beta_7 CURR_{i\,t} + \beta_8 SIZE_{i\,t} + \beta_9 ROIC_{i\,t} + \beta_{10} GROW_{i\,t} \\ & + \beta_{11} AGE_{i\,t} + \beta_{12} FRD_{i\,t} + \beta_{13} CB_{i\,t} + \eta_i + \lambda_t + e_{i\,t} \end{aligned} \tag{15}$$

단, $DIV_{i\,t}$: i기업의 t기 배당성향(=배당금/당기순이익)

　　$GD_{i\,t}$: i기업의 t기 지배구조 더미(양호한 지배구조기업=1, 기타 기업=0)

$MB \cdot GD_{i\,t}$: i기업의 t기 투자기회와 지배구조 상호작용변수(= $MB \times GD$)

$MB_{i\,t}$: i기업의 t기 투자기회(= MB비율)

$FOR_{i\,t}$: i기업의 t기 외국인지분율(= 외국인 보유주식 수/총 발행주식 수)

$LEV_{i\,t}$: i기업의 t기 레버리지비율(= 부채/총자산)

$FCF_{i\,t}$: i기업의 t기 잉여현금흐름비율[= (당기순이익 + 감가상각비 − 배당)/주가 × 발행주식 수]

$CURR_{i\,t}$: i기업의 t기 유동비율(= 유동자산/유동부채)

$SIZE_{i\,t}$: i기업의 t기 기업규모(= ln총자산)

$ROIC_{i\,t}$: i기업의 t기 투하자본수익률(= 세후순영업이익/평균투하자본)

$GROW_{i\,t}$: i기업의 t기 매출액증가율[= (당해연도 매출액 − 전년도 매출액)/전년도 매출액)]

$AGE_{i\,t}$: i기업의 t기 설립연수[= ln(설립 이후 경과연수)]

$FRD_{i\,t}$: i기업의 t기 금융위기기간더미(2008년, 2009년 = 1, 기타 연도 = 0)

$FAMILY_{i\,t}$: i기업의 t기 가족기업더미

$CB_{i\,t}$: i기업의 t기 재벌기업더미

n_i: i기업특성효과

λ_t: t기의 시간특성효과

$e_{i\,t}$: 나머지 오차

2) 내생적 전환회귀모형

내생적 전환회귀모형은 기업의 양호한 지배구조와 취약한 지배구조의 선택이 배당정책의 결정구조와 연관되어 내생적(endogenous)으로 결정되고, 또한 지배구조 특성과 각기 고유한 그러나 구조적

으로 연관성을 갖고 있는(switching) 배당결정체제(dividend regimes)가 존재하는 경우에 사용할 수 있다. 본 연구에서 설정하는 모형은 양호한–취약한 지배구조의 선택편의(selection bias)문제가 유발될 수 있고, 지배구조와 배당정책 결정구조 간에 내생성 문제가 발생할 수 있다. 따라서 내생적 전환회귀모형을 이용하여 패널자료회귀모형의 결과를 확인할 필요가 있다.

어떤 기업이 양호한 지배구조를 가지고 있는 경우와 취약한 지배구조를 가지고 있는 경우에 기대되는 배당결정구조는 다음의 (16)~(19)식의 함수식으로 나타낼 수 있다.

(16)식과 (17)식의 Z_i는 지배구조의 결정요인인 소유지분율(OWN), 사외이사비율($OUTDIR$), 이사회규모($BDSIZE$), 소유지배괴리도(OCD)의 벡터를 나타내고, x_1과 x_2는 (13)식에서 사용된 것과 같은 배당정책에 영향을 미치는 외생변수(exogenous variables)인 투자기회(MB), 외국인지분율(FOR), 레버리지비율(LEV), 잉여현금흐름비율(FCF), 유동비율($CURR$), 기업규모($SIZE$), 투하자본수익률($ROIC$), 매출액증가율($GROW$), 설립연수(AGE), 금융위기기간더미(FRD)의 벡터를 나타낸다.

$$I_i = 1 \quad \text{if } \gamma Z_i + u_i > 0 \qquad\qquad (16)$$

$$I_i = 0 \quad \text{if } \gamma Z_i + u_i \leq 0 \qquad\qquad (17)$$

$$\text{SCG regime: } DIV_{1i} = \beta^{SCG} x_{1i} + \varepsilon_{1i} \quad \text{if } I_i = 1 \qquad\qquad (18)$$

$$\text{WCG regime: } DIV_{2i} = \beta^{WCG} x_{2i} + \varepsilon_{2i} \quad \text{if } I_i = 0 \qquad\qquad (19)$$

단, $Z = [1,\ OWN,\ OUTDIR,\ BDSIZE,\ OCD]$

$X = [1,\ MB,\ FOR,\ LEV,\ FCF,\ CURR,\ SIZE,$
$\qquad ROIC,\ GROW,\ AGE,\ FRD]$

OWN_i : i기업의 소유지분율(=지배주주 및 친인척 지분율)

$OUTDIR_i$: i기업의 사외이사비율(=사외이사 수/등기이사 수)

$BDSIZE_i$: i기업의 이사회규모[=ln(이사회의 등기이사 총수)]

OCD_i : i기업의 소유지배괴리도[=1-(지배주주 지배권-지배주주 소유권)]

여기서 만약 양호한 지배구조체제(SCG regime)에서 β_1^{SCG}가 유의한 부(-)의 값을 나타내고, 취약한 지배구조체제(WCG regime)에서는 β_1^{WCG}가 유의성이 낮은 부(-)의 값을 갖거나 비유적인 값을 나타내게 된다면 결과모형가설이 지지된다고 해석할 수 있다. 만약 취약한 지배구조체제에서 β_1^{WCG}가 유의한 정(+)의 값을 나타내고, 양호한 지배구조체제에서는 β_1^{SCG}가 유의성이 낮은 정(+)의 값을 갖거나 비유적인 값을 나타내게 된다면 대체모형가설이 지지된다고 해석할 수 있다.

5. 변수의 선정과 측정

1) 배당정책 변수

기업의 배당정책은 그 대용변수로 배당성향을 사용한다. 순이익 중에서 미래 투자를 위한 사내 유보금액을 제외한 금액이 주주에 게 배당으로 지급된다. 따라서 배당의 원천은 기업의 순이익이고, 배당 의사결정은 순이익의 유보와 지불의 상대적 비중에 대한 의 사결정이다. 그러므로 배당과 관련된 기업의 정책적 결정변수로 배 당성향이 의미를 가질 수 있다. 배당성향(DIV)은 배당금을 당기순 이익으로 나누어 계산(=배당금/당기순이익)한다.

2) 투자기회 변수

본 연구에서는 투자기회의 대용변수로 시장가치 대 장부가치(MB) 비율을 사용한다. Smith and Watts(1992), Hu and Kumar(2004), DeAngelo et al.(2006), Ferris and Unlu(2009) 등은 투자기회의 대용 변수로 MB비율이 적합하고, MB비율이 높을수록 투자기회가 많다 는 것을 의미한다고 하였다.[78]

---

78) C. W. Smith, Jr. and R. Watts(1992), "The Investment Opportunity Set and Corporate Financing, Dividend and Compensation Policies", Journal of Financial Economics, 32(3), 263-292; A. Hu and P. Kumar(2004), "Managerial Entrenchment and Payout Policy", Journal of Financial and Quantitative Analysis, 39(4), 759-790; H. DeAngelo, L. DeAngelo and R. Stulz(2006), "Dividend Policy and the Earned/Contributed Capital Mix: A Test of the Life-cycle Theory", Journal of

전통적인 선형모형에 의한 분석에 의하면 MB비율과 배당성향 간에는 선형관계가 존재하는 것으로 알려져 있다. 그러나 Lin and Shen(2012)은 전환모형(switching model)을 이용하여 분석한 결과 MB비율과 배당성향 간의 관계는 지배구조의 특성에 의해 영향을 받는다고(regime-dependent)하였다.[79] 이 MB비율은 기업의 시장가치를 장부가치로 나눈 비율로서, 기업의 시장가치는 자기자본의 시장가치와 부채의 장부가치의 합이며, 기업의 장부가치는 총자산의 장부가치로 계산한다. 식으로 표현하면 다음과 같다.

$$\frac{M}{B} = \frac{ME+D}{TA} \qquad\qquad (20)$$

단, M: 기업의 시장가치
  B: 자산의 장부가치
  ME: 자기자본의 시장가치(=발행주식 수×주가)
  D: 부채의 장부가치
  TA: 총자산의 장부가치

MB비율이 1보다 큰 경우는 기업의 시장가치가 장부가치보다 높다는 것을 의미하고, 기업의 투자기회가 많은 고성장 기업으로 이해할 수 있다.

Financial Economics, 81(2), 227-254; S. Ferris, N. Sen and E. Unlu(2009), "An International Analysis of Dividend Payment Behavior", Journal of Business Finance and Accounting, 36(3-4), 496-522.

79) K. Lin and C. Shen(2012), "The Impact of Corporate Governance on the Relationship between Investment Opportunities and Dividend Policy: An Endogenous Switching Model Approach", Asia-Pacific Journal of Financial Studies, 41(2), 125-145.

3) 지배구조 변수

(1) 소유지분율

소유지분율(OWN)의 변수는 지배주주지분율과 그 친인척의 지분율의 합으로 계산한다. 지배주주와 그 친인척은 당해기업의 경영활동에 직·간접적으로 실질적인 경영·통제권을 행사하고 있는 주체라고 할 수 있다. 양호한 지배구조 기업에서는 지배주주의 소유지분율이 높을수록 다른 주주와 이해가 일치할 가능성이 높다. 취약한 지배구조 기업에서는 지배주주의 지분율이 높을수록 지배 대주주의 사적이익 추구 가능성이 높게 나타날 수 있다.

(2) 사외이사비율

이사회는 회사의 업무집행에 관한 의사결정기구로서 경영진을 효율적으로 감시·통제하는 기능을 한다. 이사회가 제 역할을 하기 위해서는 경영진 또는 지배주주로부터의 독립성이 중요하다. 사외이사제도는 지배주주의 독단과 전횡을 사전에 차단하기 위해 도입된 제도로서 독립적으로 의사결정에 참여하고, 경영진을 감독·지원하는 사외이사의 역할이 매우 중요하다.

이사회에서 독립적인 사외이사의 비중이 높을수록 경영진에 대한 견제기능이 강화되는 경향이 있다. 즉 이사회에서 사외이사의 비율이 높을수록 지배구조의 질이 강화되는 것으로 이해할 수 있다(Fama and Jensen, 1983). Fluck(1999)는 독립적인 이사의 비율이 높아질수록 내부 감시가 개선되고, 배당지급이 증가한다고 하였다. 사외이사비율($OUTDIR$)은 등기이사 수에서 사외이사가 차지하는 비중(=사외이사 수/등기이사 수)으로 구한다.

(3) 이사회규모

이사회는 효과적인 토의가 가능하고, 적절하고 신속하며, 신중한 의사결정이 가능한 규모로 구성되는 것이 바람직하다. 공개기업의 경우 다수의 위원회가 활성화 될 수 있는 충분한 수의 이사로 이사회를 구성하는 것이 바람직한 것으로 평가되고 있다. Lipton and Lorsch(1992) 등은 이사회 규모가 클수록 이사회 운영의 효율성이 떨어지고 감시기능이 약화되어 오히려 대리인비용이 높아진다는 연구결과를 제시하였다.[80] 이사회규모($BDSIZE$)는 이사회의 등기이사 총수의 자연로그값(=ln등기이사 수)으로 구한다.

(4) 소유지배괴리도

소유지배괴리도(ownership-control disparity)는 기업의 지배주주(동일인 및 친족)가 실제로 소유하고 있는 지분(소유권)보다 얼마나 많은 지분에 대해 의결권(지배권)을 행사할 수 있는지를 나타내는 지표이다.[81] 즉, 소유·지배구조의 왜곡정도를 나타내는 지표이다. 소

---

80) M. Lipton and J. .W. Lorch(1992), "A Modest Proposal for Improved Corporate Governance", Business Lawyer, 48, 55-77.

81) 지배주주가 직간접적으로 소유하고 있는 지분을 소유권 또는 현금흐름권(cash flow rights)이라 하고, 지배주주가 직간접적으로 영향력을 행사할 수 있는 지분을 지배권 또는 의결권, 통제권 (control rights)이라고 한다. 소유권(ownership)과 지배권(control rights)의 차이는 피라미드형 주식소유구조나 상호(순환)출자 등에 의해 이루어질 수 있다(Bebchuk et al., 2000). 이러한 형태

유지배괴리도가 크다는 것은 계열사를 통한 지배주주의 기업지배가 용이하게 이루어질 수 있다는 의미로 지배주주에 의한 사적이익 추구 유인이 커져 기업가치에 부정적인 영향을 미치게 된다. 또한 외부 이해관계자의 이해를 착취(expropriate)할 유인이 증가한다. Gugler and Yurtoglu(2003)는 소유지배괴리도가 클수록 부의 효과(positive wealth effect)가 커지고, 배당지급이 증가한다고 하였다.[82]

소유지배괴리도(OCD)는 기업 지배주주의 지배권과 소유권 간의 차이로 계산된다.[83] 여기서 지배권은 지배주주가 실제로 기업에 영향력을 행사할 수 있는 지분으로서 동일인, 친족, 임원, 비영리법인, 계열회사 지분율의 합이다. 소유권은 지배주주가 기업에 대하여 직접 보유하고 있는 지분으로서 동일인 및 친족 지분율의 합이다. 소유지배괴리도는 괴리도가 클수록 지배구조에 부정적인 영향을 미치는 요인이므로 본 연구에서는 1에서 소유지배괴리도 값을 차감하여 OCD변수의 값으로 사용한다.

(5) 지배구조더미

지배구조더미변수(GD)는 양호한 지배구조 기업과 취약한 지배구조 기업을 구분하는 더미변수이다. 양호한 지배구조 기업에 더미변수 값 1을 부여하고, 나머지 기업에 0을 부여한다. 여기서 양호

의 소유권과 지배권의 괴리 현상은 한국, 태국, 인도네시아, 필리핀 등 신흥시장과 개발도상국 국가에는 일반적인 특징이라고 할 수 있다(La Porta et al., 1999; Claessens et al., 2000; Faccio and Lang, 2002).

82) K. Gugler and B. Yurtoglu(2003), "Corporate Governance and Divident Payout Policy in Germany", European Economic Review, 47(4), 731-758.

83) 연구에서 소유지배괴리도는 Lemmon and Lins(2003)와 KDI(2003)에서 측정한 것과 같이 특정 기업에 대한 지배주주의 지배권(control right)과 소유권(cash flow right)의 차이로 계산하였다.

한 지배구조 기업을 구분하는 기준은 한국기업지배구조원(Corporate Governance Service)에서 발표하는 지배구조 등급을 사용한다. 한국기업지배구조원에서는 주주 권리보호, 이사회, 공시, 감사기구, 경영과실배분 등 5개 부문을 평가하여 지배구조 등급을 발표하고 있다.

본 연구에서는 2005년부터 2010까지는 지배구조 등급이 최우량(excellent), 우량+(very strong), 우량(strong), 양호+(very good), 양호(good) 등급에 해당하는 기업을 양호한 지배구조 기업으로 분류하고, 2011년과 2012년 2013년은 A+, A 등급에 속한 기업을 양호한 지배구조 기업으로 분류하여 더미변수에 1의 값을 부여한다.

(6) 투자기회와 지배구조 상호작용더미

앞의 이론적 관계에서 투자기회가 배당정책에 미치는 영향이 지배구조의 특성에 따라 달라질 수 있다고 하였다. 따라서 지배구조와 투자기회의 상호작용(=투자기회변수×지배구조변수)에 의해 배당정책이 어떻게 영향을 받는가를 분석하기 위해 지배구조와 투자기회의 상호작용변수($MB \cdot GD$)를 사용한다.

4) 기업특성 변수

(1) 외국인지분율

고객효과이론에 따르면 투자자마다 배당정책에 대한 선호도가 다르기 때문에 투자자의 선호도에 따라 배당이 이루어지게 된다고

하였다. 외국인투자자는 기업의 경영권 확보보다는 수익창출을 목
적으로 투자하는 경향이 강하므로 배당확대를 통해 자신의 부를
증가시킬 유인이 크다고 할 수 있다.

따라서 외국인지분율(FOR)은 배당지급을 선호하는 투자자에 대
한 대용변수로서 배당지급과 정(+)의 영향관계가 예상된다. 외국인
지분율(FOR)은 외국인이 소유하고 있는 주식의 비율(=외국인소유
주식 수/총 발행주식 수)로 측정한다.

(2) 레버리지비율

기업이 부채를 조달하는 경우 Jensen and Meckling(1976), Jensen(1986),
Stulz(1988) 등이 지적한 것처럼 경영자에 대한 경영감시기능이 강
화되어 주주와 경영자 간의 갈등(shareholder-manager conflict)으로
발생할 수 있는 대리인비용을 줄일 수 있다.[84] 따라서 배당정책을
경영감시 메커니즘으로 활용할 필요성이 낮아져서 배당을 줄이게
된다. Agrawal and Jayaraman(1994)은 부채기업과 무부채기업의 배
당정책을 비교한 결과, 무부채기업은 영업이익의 일부를 이자로 지
급하는 부채기업보다 더 많은 이익을 배당하게 된다고 하였다.[85]

또한 부채를 조달하는 경우 채권자는 채무약정서(debt covenant)
에 배당지급에 대한 제한조건을 부가할 수 있고, 부채로 인한 지급

---

84) M. Jensen and W. Meckling(1976), "Theory of the Firm: Managerial Behavior, Agency Costs and
Ownership Structure", Journal of Financial Economics, 3(4), 305-360; M. Jensen(1986), "Agency
Costs of Free Cash-flow, Corporate Finance and Takerovers", American Economic Review, 76(2),
323-329; R. Stulz(1988), "Managerial Control of Voting Rights: Financing Policies and the
Market for Corporate Control", Journal of Financial Economics, 20, 25-54.

85) A. Agrawal and N. Jayaraman(1994), "The Dividend Policies of All Equity Firms: A Direct Test
of the Free Cash Flow Theory", Managerial Decision Economics, 15, 139-148.

(debt-related payouts)이 증가하는 경우에 기업의 유동성이 약화되어 주주에 대한 배당성향이 제한될 수 있다. 이러한 경우에는 레버리지비율과 배당 간에는 부(-)의 영향관계가 나타나게 된다. 레버리지비율의 측정변수(LEV)로는 총자산에서 차지하는 부채의 비중(=부채/총자산)으로 측정한다.

(3) 잉여현금흐름

Jensen(1986)은 잉여현금흐름가설(free cash flow hypothesis)에서 잉여현금흐름이 많이 발생하는 경우 경영자는 부(-)의 순현재가치를 갖는 투자안에까지 투자(over-investment)를 확대하여 기업가치의 하락을 가져오는 대리인문제를 유발시킬 수 있다고 하였다.[86] 잉여현금흐름으로 인해 대리인비용이 증가한다면, 배당을 증가시켜 자본시장의 감시·통제기능을 강화할 필요성이 높아진다.

또한 잉여현금흐름이 발생하는 경우 배당의 지급여력도 증가할 것으로 예상할 수 있다. 이 경우 잉여현금흐름과 배당 간에는 정(+)의 영향관계가 예상된다. 잉여현금흐름변수(FCF)는 Lehn and Poulsen(1989)과 Chen and Steiner(2000)가 제시한[87] 것과 같이 당기순이익에 감가상각비를 더하고 배당을 차감하여 구한 현금흐름(=당기순이익+감가상각비-배당)을 자기자본의 시장가치(=주가×발

---

86) M. Jensen(1986), "Agency Costs of Free Cash-flow, Corporate Finance and Takerovers", American Economic Review, 76(2), 323-329.

87) K. Lehn and A. Poulsen(1989), "Free Cash Flow and Stockholder Gains in Going Private Transactions", Journal of Finance, 44(3), 771-787.; C. R. Chen and T. L. Steiner (2000), "An Agency Analysis of Firm Diversification: The Consequences of Discretionary Cash and Managerial Risk Considerations", Review of Quantitative Finance and Accounting, 14, 247-260.

행주식 수)로 나누어 계산한다.[88]

(4) 유동비율

기업의 유동비율은 유동자산을 유동부채로 나눈 비율로서 1년 이내에 현금화하여 단기채무 지급에 충당할 수 있는 유동자산이 단기채무의 몇 배가 되는가를 나타내는 지표이다. 배당과 관련해서는 유동비율이 높은 기업은 유동성보유로 배당을 결정하는데 정 (+)의 영향관계가 나타날 것으로 예상된다. 유동비율($CURR$)을 측정하기 위해서는 유동자산을 유동부채로 나눈 값(=유동자산/유동부채)을 사용한다.

(5) 기업규모

대리인비용은 기업규모가 클수록 크게 나타날 수 있다. 따라서 대리인비용을 최소화하기 위해 배당을 증가시켜 외부 자본시장의 감시·통제기능을 강화하고자 하는 유인이 나타날 수 있다. 또한 Smith(1977), Crutchley and Hansen(1989), Fama and French(2001), Li and Zhao(2008), 이정도·공정택(1994) 등이 지적한 것처럼 기업규모가 클수록 증권발행과 관련된 거래비용이 낮아지기 때문에 외부자금조달을 원활히 할 수 있게 되어 배당을 증가시킬 가능성이 높아진다.[89] 이러한 관계가 성립한다면 기업규모와 배당정책변수 간에

---

88) K. Lehn and A. Poulsen(1989), "Free Cash Flow and Stockholder Gains in Going Private Transactions", Journal of Finance, 44, 771-787; C. R. Chen and T. L. Steiner(2000), "An Agency Analysis of Firm Diversification: The Consequences of Discretionary Cash and Managerial Risk Considerations", Review of Quantitative Finance and Accounting, 14, 247-260.

는 정(+)의 영향관계가 나타날 수 있다.

그러나 Smith and Watts(1992)의 연구결과에 나타났듯이 배당정책에 대한 기업규모의 영향이 크지 않거나, Allen and Michaely(1995)의 연구결과와 같이 심지어 부(−)의 영향관계로 나타날 수도 있다.[90] 기업규모($SIZE$)를 측정하기 위해서는 총자산에 자연로그를 취한 값을 사용하였다.

(6) 투하자본수익률

투하자본수익률(return on invested capital, $ROIC$)은 세후순영업이익(net operating profit after tax, $NOPAT$)을 평균투하자본(IC)으로 나눈 값이다. 이때 세후순영업이익은 영업활동에서 발생한 영업이익에서 현금으로 지불되는 세금을 차감하여 산출한다. 투하자본은 기업 본연의 영업활동에 투자된 자본으로 시설자본과 순운전자본의 합계를 말한다.

투하자본수익률은 매출액세후순영업이익률(=세후순영업이익/매출액)과 투하자본회전율(=매출/투하자본)의 곱으로 나타낼 수 있

89) C. W. Smith, Jr.(1977), "Alternative Methods for Rising Capital: Rights Versus Underwritten Offerings", Journal of Financial Economics, 5(3), 273-307; H. Crutchley and R. Hansen(1989), "A Test of the Theory of Managerial Ownership, Corporate Leverage and Corporate Dividends", Financial Management, 18(4), 36-46; E. F. Fama and K. R. French(2001), "Disappearing Dividends: Changing Firm Characteristics or Lower Propensity to Pay?", Journal of Financial Economics, 60(1), 3-44; K. Li and X. Zhao(2008), "Asymmetric Information and Dividend Policy", Financial Management, 37(4), 673-694; 이정도·공정택(1994), "기업의 재무적 요인과 현금배당률 수준의 관련성에 관한 연구", 증권학회지, 제16집, 437-465.

90) C. W. Smith, Jr.(1977), "Alternative Methods for Rising Capital: Rights Versus Underwritten Offerings", Journal of Financial Economics, 5(3), 273-307; F. Allen and R. Michaely(1995), "Dividend Policy", in R. Jarrow et al.(eds.), Finance, Vol. 9 of Handbooks in Operations Research and Management Science, (North Holland), 793-837.

다. 따라서 투하자본수익률이 높다는 것은 투하자본의 수익성과 효율성이 높다는 것을 의미한다.

배당과 관련해서는 투하자본수익률이 높은 기업은 주주들이 현금배당보다는 내부유보에 의한 더 높은 투자수익을 기대할 가능성이 높기 때문에 배당과 부(−)의 영향관계가 나타날 것으로 예상된다. 투하자본수익률($ROIC$)을 측정하기 위해서는 세후순영업이익을 평균투하자본으로 나눈 값(＝세후순영업이익/평균투자자본)을 사용하였다.

(7) 매출액증가율

매출액증가율이 높은 기업은 투자자금에 대한 수요가 많기 때문에 배당에 의해 현금이 사외로 유출되는 것을 꺼릴 수 있다. 투자자의 입장에서도 매출액증가율이 높은 기업에 투자한 주주는 현금배당보다는 기업의 투자수익 증가에 의한 자본이득을 선호할 수 있다. 따라서 매출액증가율과 배당정책 변수 간에는 부(−)의 영향관계가 나타날 수 있다.

매출액증가율($GROW$)은 당해연도 매출액이 전년도에 비해 증가한 비율[＝(당해연도 매출액−전년도 매출액)/전년도 매출액]을 사용한다.

(8) 설립연수

Grullon et al.(2002)에 따르면 기업이 성숙기에 접어들어 성장기회가 줄어들수록 배당을 늘린다고 하였다.[91] 기업의 설립연수가 오래될수록 라이프사이클효과(life-cycle effect)에 의한 기업성숙도는 높아질 것이므로 기업의 설립연수는 신호이론과 관련된 기업성숙도의 대용변수가 될 수 있다.

기업이 성숙기에 접어들어 투자기회가 줄어들게 되면 사내 유보액이 증가하게 되고, 잉여자금을 처분하기 위하여 배당을 늘리기 때문에 기업성숙도와 배당 간에는 정(+)의 영향관계가 나타나게 된다.

하지만 기업의 설립연수가 길면 길수록 기업의 정보가 공개될 가능성이 크고, 기업의 전망에 대한 불확실성이 낮아져 배당을 신호수단으로 활용할 필요성이 낮아지기 때문에 기업의 설립연수와 배당 간에는 부(−)의 영향관계가 나타날 수 있다. 기업의 설립연수(*AGE*)는 기업 설립 이후 경과연수의 자연대수 값으로 측정한다.

(9) 금융위기기간더미

금융위기 기간 더미변수(*FRD*)는 2008년 발생한 금융위기의 영향을 통제하기 위한 변수이다. 금융위기가 발생한 2008년과 금융위기가 급속히 진전된 2009년도에 더미변수 값 1을 부여하고, 나머지 연도에 더미변수 값 0을 부여한다.

금융위기 기간 동안 기업들은 대내외 불확실성이 높은 상황에서

---

91) G. Grullon, R. Michaely and B. Swaminathan(2002), "Are Dividend Changes a Sign of Firm Maturity", Journal of Business, 75(3), 387-424.

경제주체의 심리변화 등 정성적 요소가 경제활동에 미치는 영향이 확대되어 투자에 대한 의사결정을 미루고, 현금자산의 보유 선호도가 높아지는 등 비금융위기 기간과는 상당히 다른 기업행태를 보였다. 또한 금융위기기간은 기업의 주식가격 및 자산가치 하락, 수요부족, 수익성 악화 등으로 기업의 경영환경이 급속히 악화되었던 때이다. 이러한 특별한 기업경영환경변화로 인해 배당정책에도 영향을 미쳤을 개연성이 높다. 따라서 의미 있는 분석결과를 얻기 위해서는 금융위기 기간을 통제하고 분석하는 것이 바람직하기 때문에 금융위기기간더미(FRD)를 포함하여 분석한다.

(10) 가족기업더미

본 연구에서는 기업의 지배구조와 투자기회가 배당정책에 미치는 영향을 분석하는 데 있어 가족경영 여부가 미치는 영향도 살펴본다. 이를 위해 가족경영을 영위하는 기업에 대해 가족기업($FAMILY$)으로 분류하고 더미변수 값 1을 부여한다.

가족기업의 개념을 정의한 선행연구에 의하면 가족기업의 분류기준(classification of family firms)으로 지배가족의 의결권(voting right)을 나타내는 지배가족의 소유지분율(family ownership), 지배가족의 경영참여(involvement in management) 여부, 가족의 기업승계(family succession), 가족기업이라는 자기지각(self-perception) 등이 제시되고 있다(Litz, 1995; Chua et al., 1999; Gomez-Mejia et al., 2003; Chrisman et al., 2005).[92] 이러한 조건들의 다양한 조합에 의해 가족기업을

---

92) R. A. Litz(1995), "The Family Business: Toward Definitional Clarity", Family Business Review, 8,

판단하는 기준으로 사용하고 있다. 그런데 이들 조건 중에서도 가족의 소유지분율과 가족의 경영참여 여부, 지배가족의 이사회 통제 여부가 가장 중요한 지표로 제시되고 있다(Chua et al., 1999; Villalonga and Amit, 2006).[93]

본 연구에서는 앞에서 제시된 조건들과 우리나라의 실정 등을 고려하여 다음 세 가지 조건 중 하나 이상에 해당하는 경우에 가족기업으로 분류한다.

첫째, 단일 지배가족(founding family)이 해당 기업의 의결권(voting right)을 50% 이상 보유하고 있는 경우이다.[94] 한국가족기업경영연구소에서는 가족의 소유권이 50% 이상인 기업을 가족기업으로 정의하고 있다.[95] 본 연구에서 지배가족의 의결권은 최대주주 본인과 친인척의 소유지분율의 합으로 측정한다.

둘째, 지배가족 구성원이 기업경영에 참여하는 경우이다. 지배가족의 경영참여 여부는 지배가족의 구성원이 등기 임원이나 미등기 임원으로 되어 있는 경우에 가족기업으로 분류한다.

셋째, 총수가 있는 대규모 기업집단의 계열사인 경우이다. 우리

71-81; J. H. Chua, J. J. Chrisman and P. Sharma(1999), "Defining the Family Business by Behavior", Entrepreneurship Theory and Practice, 23(4), 19-39; L. Gomez-Mejia, M. Larraza-Kintana and M. Makri(2003), "The Determinants of Executive Compensation in Family-controlled Public Corporations", Academy of Management Journal, 46(2), 226-241; J. J. Chrisman, J. H. Chua and P. Sharma(2005), "Trends and Directions in the Development of a Strategic Management Theory of the Family Firm", Entrepreneurship Theory and Practice, 29, 555-575.

93) J. H. Chua, J. J. Chrisman and P. Sharma(1999), "Defining the Family Business by Behavior", Entrepreneurship Theory and Practice, 23(4), 19-39; B. Villalonga and R. Amit(2006), "How Do Family management, Ownership and Control Affect Firm value?", Journal of Financial Economics, 80, 347-374.

94) 유럽기업을 대상으로 분석한 연구에서는 가족기업 분류기준으로 의결권(voting right)이 25% 이상인 경우를 사용하고 있다(La Porta et al., 1999; Faccio and Lang, 2002; Sraer and Thesmar, 2007; Andres, 2008a, 2008b; Schmid et al., 2008).

95) 한국가족기업연구소 홈페이지, http://www.familybiz.or.kr 참조.

나라 기업에 있어 총수가 있는 대규모 기업집단의 계열사는 전문 경영인이 경영을 담당하더라도 실질적으로는 지배주주인 총수의 지배하에 의사결정이 이루어지는 것이 일반적이다. 따라서 지배가족의 영향하에서 경영활동이 이루어지는 것으로 판단하여 가족기업으로 분류한다.

본 연구에서는 가족기업의 특성이 배당정책에 미치는 영향을 보다 세밀하게 분석하기 위하여 가족기업 여부를 나타내는 더미변수(*FAMILY*)뿐만 아니라 가족기업 여부를 판단하는 세 가지 기준을 각각의 변수로 포함시켜 분석한다. 즉 첫 번째 분류기준으로 사용된 지배가족의 소유지분율 기준에 대하여 지배가족 지분율이 50% 이상인 경우 더미변수 값 1을 부여하는 변수로 *FAMILY1*을 사용한다. 두 번째 분류기준으로 사용된 지배가족 구성원의 경영참여 여부에 대해서는 *FAMILY2*라는 더미변수를 사용한다. 세 번째 분류기준으로 사용된 총수가 있는 대규모 기업집단 계열사 여부에 대해서는 *FAMILY3*이라는 더미변수를 사용한다.

(11) 재벌기업더미

본 연구에서는 기업의 지배구조와 투자기회가 배당정책에 미치는 영향을 분석하는 데 있어 재벌기업 여부가 미치는 영향도 살펴본다. 이를 위해 재벌계열사에 속하는 기업에 대해 재벌기업으로 분류하고 더미변수(*CB*) 값 1을 부여 한다. 재벌기업의 특성을 보다 세밀하게 분석하기 위하여 10대 재벌기업과 30대 재벌기업으로 나누어 각각의 더미변수(*CB10*, *CB30*)를 사용하여 분석한다. 또한 재벌기업이면서 가족경영을 하는 기업의 특성이 투자기회와 배당정책의 관계에 영향을 미치는지를 분석하기 위하여 재벌기업과 가족경영의 상호작용변수(CB · FAMILY)를 사용한다.

본 연구에서 재벌기업은 분석 당해 연도 4월에 공정거래위원회에서 총자산기준으로 발표하고 있는 상호출자제한집단에 속하는 경우 재벌기업으로 분류한다.

〈표 IV-1〉 변수정의

구분	변수명	변수측정 방법
배당정책 변수	배당성향(DIV)	배당금/당기순이익
투자기회 변수	MB비율(MB)	(자기자본의 시장가치+부채의 장부가치)/총자산 의 장부가치
지 배 구 조 변 수	소유지분율(OWN)	지배주주 및 친인척 지분율
	사외이사비율(OUTDIR)	사외이사 수/등기이사 수
	이사회규모(BDSIZE)	ln(등기이사 수)
	소유지배괴리도(OCD)	1-(지배주주의 지배권-지배주주의 소유권)
	지배구조더미(GD)	양호한 지배구조 기업=1, 나머지 기업=0
	투자기회와 지배구조 상호작용더미(MB · GD)	투자기회×지배구조
기 업 특 성 변 수	외국인지분율(FOR)	외국인소유주식 수/총발행주식 수
	레버리지비율(LEV)	부채/총자산
	잉여현금흐름(FCF)	(당기순이익+감가상각비-배당)/(주가×발행주식 수)
	유동비율(CURR)	유동자산/유동부채
	기업규모(SIZE)	ln(총자산)
	투하자본수익률(ROIC)	세후순영업이익/평균투하자본
	매출액증가율(GROW)	(당해연도 매출액-전년도 매출액)/전년도 매출액
	설립연수(AGE)	ln(설립 이후 경과연수)
	금융위기 기간더미(FRD)	2008년, 2009년=1, 기타 연도=0
	가족기업더미(FAMILY)	가족기업에 해당하는 경우 더미변수 값 1 부여
	지배가족 소유지분율 더미 (FAMILY1)	지배가족의 소유지분율이 50% 이상인 경우 더 미변수 값 1 부여

구분	변수명	변수측정 방법
기업특성변수	지배가족 경영참여 더미 (*FAMILY*2)	지배가족 구성원이 경영참여하는 경우 더미변수 값 1 부여
	총수가 있는 대규모 기업집단 계열사 더미(*FAMILY*3)	총수가 있는 대규모 기업집단 계열사인 경우 더미변수 값 1 부여
	재벌기업더미(*CB*)	재벌기업에 해당하는 경우 더미변수 값 1 부여
	10대 재벌기업 더미(*CB*10)	10대 재벌에 포함되는 경우 더미변수 값 1 부여
	30대 재벌기업 더미(*CB*30)	30대 재벌에 포함되는 경우 더미변수 값 1 부여
	재벌기업과 가족기업 상호작용더미 (*CB · FAMILY*)	재벌기업더미×가족기업더미

■■■ 제5장

지배구조와 투자기회의 영향분석 결과

1. 각 변수의 기술적 통계량

1) 전체기업 표본의 기술통계량

본 연구에서는 2005년부터 2013년까지 9년간 전체 기업 4,915개의 자료를 대상으로 분석하였으며, 연도별 표본기업 수는 <표 V-1>과 같다.

<표 V-1> 연도별 표본기업 수

연도	'05년	'06년	'07년	'08년	'09년	'10년	'11년	'12년	'13년	합계
기업 수	500	506	528	517	543	585	589	563	584	4,915
비율(%)	10.2	10.3	10.7	10.5	11.0	11.9	12.0	11.5	11.9	100

전체표본에 대한 각 변수의 기술통계량을 요약하면 <표 V-2>와 같다. <표 V-2>에서 배당성향(DIV)은 평균은 18.66%이고, 표

준편차는 0.22이다. 투자기회(*MB*)는 평균은 1.0879배이고, 표준편차는 0.78이다. 소유지분율(*OWN*)의 평균은 42.59%이고, 사외이사비율(*OUTDIR*)의 평균은 26.92%이다. 이사회규모(*BDSIZE*)의 평균은 1.8957명이고, 소유지배괴리도(*OCD*) 평균은 78.36%이다. 외국인지분율(*FOR*)은 평균 18.14%이고, 레버리지비율(*LEV*)은 평균 43.76%이다. 잉여현금흐름(*FCF*)은 평균 1.07%이고, 유동비율(*CURR*) 평균은 214.24%이다. 기업규모(*SIZE*)는 평균 26.6118이고, 투하자본수익률(*ROIC*)은 평균 12.54%이다. 매출액증가율(*GROW*)은 평균 10.46%이고, 설립연수(*AGE*)는 평균 3.418년이다.

전체표본을 양호한 지배구조기업과 취약한 지배구조기업으로 나누어 각 변수를 비교했을 때 배당성향(*DIV*), 투자기회(*MB*), 소유지분율(*OWN*), 사외이사비율(*OUTDIR*), 이사회규모(*BDSIZE*), 소유지배괴리도(*OCD*), 외국인지분율(*FOR*), 레버리지비율(*LEV*), 유동비율(*CURR*), 기업규모(*SIZE*)의 평균이 유의한 차이가 있는 것으로 나타났다.

〈표 V-2〉 전체기업 각 변수의 기술통계량

표본은 2005년부터 2013년까지 한국거래소 유가증권시장에 상장되어 있는 비금융업종 기업의 9개년 자료인 총 4,915개임. SCG집단은 양호한 지배구조를 지닌 기업집단(321개)을 의미하고, WCG집단은 취약한 지배구조를 지닌 기업집단(4,066개)을 의미함. 배당성향(DIV)=배당금/당기순이익, 투자기회(MB)=(자기자본의 시장가치+부채의 장부가치)/총자산의 장부가치), 소유지분율(OWN)=최대주주 및 친인척 지분율, 사외이사비율($OUTDIR$)=사외이사 수/등기이사 수, 이사회규모($BDSIZE$)=ln등기이사 수, 소유지배괴리도(OCD)=1-(지배주주의 지배권－지배주주의 소유권), 외국인지분율(FOR)=외국인 보유주식 수/총발행주식 수, 레버리지비율(LEV)=부채/총자산, 잉여현금흐름(FCF)=(당기순이익＋감가상각비－배당)/(주가×발행주식 수), 유동비율($CURR$)=유동자산/유동부채, 기업규모($SIZE$)=ln총자산, 투하자본수익률($ROIC$)=세후순영업이익/평균투하자본, 매출액증가율($GROW$)=(당해연도 매출액－전년도 매출액)/전년도 매출액, 설립연수(AGE)=ln(설립 이후 경과연수), *, **, ***는 각각 10%, 5%, 1%의 유의수준에서 유의함을 나타냄.

구분	평균	표준편차	최소	최대	SCG 집단 평균	WCG 집단 평균	평균 차이 t값
배당성향 (DIV)	0.1866	0.2202	0.0000	1.0000	0.2239	0.1838	3.28***
투자기회 (MB)	1.0879	0.7826	0.0112	9.9443	1.3499	1.0678	6.52***
소유지분율 (OWN)	0.4259	0.1665	0.0000	0.9354	0.3386	0.4327	-10.28***
사외이사비율 ($OUTDIR$)	0.2692	0.1573	0.0000	0.9167	0.3924	0.2598	14.34***
이사회규모 ($BDSIZE$)	1.8957	0.3161	0.0000	3.2581	2.1738	1.8744	17.60***
소유지배괴리도 (OCD)	0.7836	0.2123	0.0646	1.0000	0.2355	0.2145	1.75*
외국인지분율 (FOR)	0.1814	0.2791	0.0000	1.0015	0.3000	0.1723	8.30***
레버리지비율 (LEV)	0.4376	0.1964	0.0035	0.9930	0.4727	0.4350	3.44***
잉여현금흐름 (FCF)	0.0107	0.4532	-9.8161	1.7228	0.0500	0.0077	1.68*
유동비율 ($CURR$)	2.1424	4.3441	0.0038	97.9348	1.6560	2.1798	-2.17**
기업규모 ($SIZE$)	26.6118	1.5373	22.3755	32.5234	29.2484	26.4097	37.82***
투하자본수익률 ($ROIC$)	0.1254	0.6415	-4.8185	19.1246	0.1660	0.1223	1.22
매출액증가율 ($GROW$)	0.1046	0.4289	-0.9914	7.9120	0.0957	0.1054	-0.40
설립연수 (AGE)	3.4184	0.7070	0.6931	4.7707	3.3921	3.4205	-0.72

<표 V-3>은 전체기업 표본을 대상으로 변수들 간의 상관관계를 피어슨 상관계수로 나타낸 것이다.

다중공선성 여부를 확인하기 위하여 배당성향을 종속변수로 한 일반회귀모형에 대하여 분산팽창계수(variance inflation factor, VIF)를 측정하였다. 확인결과, 각 독립변수의 VIF값은 1.01~1.46이며 통계적으로 허용되는 범위 내에 분포하였다.[96]

〈표 V-3〉 전체표본을 이용한 변수 간의 상관계수

2005년~2013년 9개년의 전체표본을 대상으로 계산한 변수들 간의 상관계수 표임. *, **, ***는 각각 10%, 5%, 1%의 유의수준에서 유의함을 나타냄. 유의성 검정은 Pearson상관관계 검정임.

	DIV	MB	OWN	OUTDIR	BDSIZE	OCD	FOR	LEV
DIV	1.0000							
MB	0.0319**	1.0000						
OWN	0.0805***	-0.0977***	1.0000					
OUTDIR	0.0432***	0.0279*	-0.0832***	1.0000				
BDSIZE	0.0865****	0.1032***	-0.0723***	0.2470***	1.0000			
OCD	0.0155	-0.0398***	-0.4704***	-0.0291**	-0.0656***	1.0000		
FOR	0.0624***	-0.0664***	-0.0121	0.1777***	0.1673***	-0.0945***	1.0000	
LEV	-0.2059***	0.0697***	-0.1316***	0.0398***	0.0511***	-0.1361***	-0.1089***	1.0000
FCF	0.1122***	-0.0144***	0.0799***	-0.0154	0.0055	0.0130	0.1056***	-0.2632***
CURR	0.0712***	-0.0388***	0.0670***	-0.0268*	-0.0732***	0.0642***	0.0452***	-0.3597***
SIZE	0.0355**	0.0437***	-0.0954***	0.3475***	0.4067***	-0.1289***	0.2600***	0.1644***
ROIC	0.0892***	0.0574***	0.0657***	0.0359**	0.0126	0.0263*	0.0422***	-0.1291***
GROW	-0.0291**	0.0574***	0.0338**	-0.0257*	-0.0247*	-0.0470***	-0.0250*	0.0475***
AGE	-0.0167	-0.1050***	-0.0916***	-0.0608***	0.0559***	0.1652***	-0.0361	-0.0211
FRD	-0.0504***	-0.0283**	0.0104	-0.0681***	0.0018	0.0064	-0.1635***	0.0023

<hr>

96) 분산팽창계수의 값은 *MB*: 1.06, *OWN*: 1.43, *OUTDIR*: 1.18, *BDSIZE*: 1.25, *OCD*: 1.46, *FOR*: 1.17, *LEV*: 1.37, *FCF*: 1.11, *CURR*: 1.16, *SIZE*: 1.45, *ROIC*: 1.06, *GROW*: 1.05, *AGE*: 1.10, *FRD*: 1.01로 산출되었다.

	FCF	*CURR*	*SIZE*	*ROIC*	*GROW*	*AGE*	*FRD*
FCF	1.0000						
CURR	0.0391***	1.0000					
SIZE	0.0365**	-0.0847***	1.0000				
ROIC	0.0736***	0.0246	0.0992***	1.0000			
GROW	0.0718***	-0.0491***	0.0080	0.0289**	1.0000		
AGE	0.0128	-0.0117	0.0358**	-0.0775***	-0.1539***	1.0000	
FRD	-0.0136	-0.0004	-0.0082	-0.0073	0.0243*	-0.0050	1.0000

<표 V-4>는 투자기회 수준에 따른 각 변수의 기술통계량을 비교한 것이다. <표 V-4>에서 투자기회가 많은 집단과 투자기회가 적은 집단에서 평균차이를 보이는 변수는 배당성향(*DIV*), 투자기회(*MB*), 소유지분율(*OWN*), 사외이사비율(*OUTDIR*), 이사회규모(*BDSIZE*), 소유지배괴리도(*OCD*), 외국인지분율(*FOR*), 레버리지비율(*LEV*), 잉여현금흐름(*FCF*), 유동비율(*CURR*), 기업규모(*SIZE*), 매출액증가율(*GROW*), 설립연수(*AGE*)이다.

투자기회 상위 50%와 투자기회 하위 50% 집단의 배당성향(*DIV*)의 평균은 각각 17.35%, 20.13%로 투자기회 하위 50% 집단에서 높게 나타났다. 투자기회(*MB*)의 평균은 각각 1.5701배, 0.7385배로 투자기회 상위 50% 집단에서 투자기회가 높게 나타났다. 소유지분율(*OWN*)의 평균은 각각 39.80%, 44.93%이고, 사외이사비율(*OUTDIR*)의 평균은 각각 27.68%, 24.51%이다. 이사회규모(*BDSIZE*)의 평균은 각각 1.9295명, 1.8535명이고, 소유지배괴리도(*OCD*)의 평균은 각각 77.64%, 79.92%이다. 외국인지분율(*FOR*)은 13.29%, 7.61%이다. 레버리지비율(*LEV*)의 평균은 47.38%, 40.42%이고, 잉여현금흐름(*FCF*)의 평균은 각각 -0.81%, 3.03%이다. 유동비율(*CURR*)의 평

균은 182.78%, 238.94%이다. 기업규모(*SIZE*)의 평균은 각각 26.7836, 26.3877이고, 투하자본수익률(*ROIC*)의 평균은 18.11%, 11.70%이다. 매출액증가율(*GROW*)의 평균은 각각 14.32%, 8.22%이고, 설립연수(*AGE*)의 평균은 각각 3.3168, 3.5132년으로 나타났다.

〈표 Ⅴ-4〉 투자기회 수준에 따른 각 변수의 기술통계량 비교

표본은 2005년부터 2013년까지 한국거래소 유가증권시장에 상장되어 있는 비금융업종 기업의 9개년 자료임. 배당성향(*DIV*)=배당금/당기순이익, 투자기회(*MB*)=(자기자본의 시장가치+부채의 장부가치)/총자산의 장부가치, 소유지분율(*OWN*)=대주주 및 친인척 지분율, 외국인지분율(*FOR*)=외국인 보유주식 수/총발행주식 수, 레버리지비율(*LEV*)=부채/총자산, 잉여현금흐름(*FCF*)=(당기순이익+감가상각비-배당)/(주가×발행주식 수), 유동비율(*CURR*)=유동자산/유동부채, 기업규모(*SIZE*)=ln총자산, 투하자본수익률(*ROIC*)=세후순영업이익/평균투하자본, 매출액증가율(*GROW*)=(당해연도 매출액-전년도 매출액)/전년도 매출액, 설립연수(*AGE*)=ln(설립 이후 경과 연수), *, **, ***는 각각 10%, 5%, 1%의 유의수준에서 유의함을 나타냄.

구분	투자기회 수준 상위 50% 평균	투자기회 수준 하위 50% 평균	평균차이 t값
배당성향(*DIV*)	0.1735	0.2013	-4.179***
투자기회(*MB*)	1.5701	0.7385	35.190***
소유지분율(*OWN*)	0.3980	0.4493	-10.292***
사외이사비율(*OUTDIR*)	0.2768	0.2451	6.845***
이사회규모(*BDSIZE*)	1.9295	1.8535	8.004***
소유지배괴리도(*OCD*)	0.7764	0.7992	-3.588***
외국인지분율(*FOR*)	0.1329	0.0761	13.150***
레버리지비율(*LEV*)	0.4738	0.4042	12.121***
잉여현금흐름(*FCF*)	-0.0081	0.0303	-2.786***
유동비율(*CURR*)	1.8278	2.3894	-4.500***
기업규모(*SIZE*)	26.7836	26.3877	8.594***
투하자본수익률(*ROIC*)	0.1811	0.1170	1.463
매출액증가율(*GROW*)	0.1433	0.0822	4.611***
설립연수(*AGE*)	3.3168	3.5132	-9.274***

2) 가족기업과 비가족기업 표본의 기술통계량

가족기업과 비가족기업에 대한 각 변수의 기술통계량을 요약하면 <표 V-5>와 같다. <표 V-5>에서 가족기업과 비가족기업에서 평균차이를 보이는 변수는 배당성향(DIV), 소유지분율(OWN), 소유지배괴리도(OCD), 레버리지비율(LEV), 잉여현금흐름(FCF), 기업규모(SIZE), 투하자본수익률(ROIC), 설립연수(AGE)이다.

가족기업 표본의 기술통계량은 <표 V-5>에 제시되어 있다. 가족기업과 비가족기업의 배당성향(DIV)의 평균은 각각 19.16%, 16.31%이고 가족기업의 배당성향이 높게 나타났다. 소유지분율(OWN)의 평균은 각각 43.09%, 40.25%이다. 소유지배괴리도(OCD)의 평균은 각각 20.34%, 27.85%이고, 레버리지비율(LEV)의 평균은 각각 43.41%, 45.44%이다. 잉여현금흐름(FCF)은 2.64%, -6.41%이고, 기업규모(SIZE)는 가족기업과 비가족기업의 평균이 각각 26.6824, 26.2741이다. 투하자본수익률(ROIC)은 13.77%, 6.66%이고, 설립연수(AGE)는 가족기업에서 평균이 3.4052년이고, 비가족기업은 3.4821년으로 비가족기업의 설립연수가 오래된 것으로 나타났다.

가족기업에서 양호한 지배구조기업과 취약한 지배구조기업으로 나누어 각 변수를 비교했을 때 배당성향(DIV), 투자기회(MB), 소유지분율(OWN), 사외이사비율(OUTDIR), 이사회규모(BDSIZE), 소유지배괴리도(OCD), 외국인지분율(FOR), 레버리지비율(LEV), 유동비율(CURR), 기업규모(SIZE)의 평균이 유의한 차이가 있는 것으로 나타났다. 비가족기업에서 양호한 지배구조기업과 취약한 지배구조기업으로 나누어 각 변수를 비교했을 때 배당성향(*DIV*), 소유지분율(*OWN*), 사외이사비율(*OUTDIR*), 이사회규모(*BDSIZE*), 소유지배괴리도(*OCD*), 외국인지분율(*FOR*), 기업규모(*SIZE*)의 평균이 유의한 차이가 있는 것으로 나타났다.

<표 Ⅴ-5> 가족기업 표본의 기술통계량

표본은 2005년부터 2013년까지 한국거래소 유가증권시장에 상장되어 있는 비금융업종 기업의 9개년 자료인 총 4,915개임. 가족집단은 4,066개이고, 비가족집단은 849개임. 배당성향(*DIV*)=배당금/당기순이익, 투자기회(*MB*)=(자기자본의 시장가치+부채의 장부가치)/총자산의 장부가치, 소유지분율(*OWN*)=최대주주 및 친인척 지분율, 소유지분율(*OWN*)=지배주주 및 친인척 지분율, 사외이사비율(*OUTDIR*)=사외이사 수/등기이사 수, 이사회규모(*BDSIZE*)=ln등기이사 수, 소유지배괴리도(*OCD*)=1-(지배주주의 지배권÷지배주주의 소유권), 외국인지분율(*FOR*)=외국인 보유주식 수/총발행주식 수, 레버리지비율(*LEV*)=부채/총자산, 잉여현금흐름(*FCF*)=(당기순이익+감가상각비－배당)/(주가×발행주식 수), 유동비율(*CURR*)=유동자산/유동부채, 기업규모(*SIZE*)=ln총자산, 투하자본수익률(*ROIC*)=세후순영업이익/평균투하자본, 매출액증가율(*GROW*)=(당해연도 매출액－전년도 매출액)/전년도 매출액, 설립연수(*AGE*)=ln(설립 이후 경과연수), *, **, ***는 각각 10%, 5%, 1%의 유의수준에서 유의함을 나타냄.

구분	가족기업 여부	평균	평균차이 t값	SCG집단 평균	WCG집단 평균	평균차이 t값
배당성향 (*DIV*)	가족기업	0.1916	3.432***	0.2145	0.1897	1.928*
	비가족기업	0.1631		0.2964	0.1565	3.819***
투자기회 (*MB*)	가족기업	1.0801	-1.544	1.3623	1.0568	6.803***
	비가족기업	1.1256		1.2536	1.1193	0.958
소유지분율 (*OWN*)	가족기업	0.4309	4.532***	0.3484	0.4377	-9.649***
	비가족기업	0.4025		0.2630	0.4094	-4.580***
사외이사비율 (*OUTDIR*)	가족기업	0.2704	1.140	0.3806	0.2613	13.015***
	비가족기업	0.2637		0.4838	0.2528	9.830***
이사회규모 (*BDSIZE*)	가족기업	1.8988	1.509	2.1500	1.8781	15.247***
	비가족기업	1.8808		2.3579	1.8572	9.490***
소유지배괴리도 (*OCD*)	가족기업	0.2034	-9.461***	0.2462	0.1998	3.841***
	비가족기업	0.2785		0.1524	0.2848	-3.483***
외국인지분율 (*FOR*)	가족기업	0.1842	1.515	0.2888	0.1756	6.887***
	비가족기업	0.1682		0.3871	0.1574	5.218***
레버리지비율 (*LEV*)	가족기업	0.4341	-2.743***	0.4745	0.4308	3.831***
	비가족기업	0.4544		0.4557	0.4544	0.041
잉여현금흐름 (*FCF*)	가족기업	0.0264	5.305***	0.0653	0.0231	1.713*
	비가족기업	-0.0641		-0.0688	-0.0639	-0.051
유동비율 (*CURR*)	가족기업	2.1584	0.564	1.6014	2.2044	-2.187**
	비가족기업	2.0660		2.0788	2.0654	0.038
기업규모(*SIZE*)	가족기업	26.6824	7.073***	29.1031	26.4826	32.795***
	비가족기업	26.2741		30.3750	26.0713	21.390***

구분	가족기업 여부	평균	평균차이 t값	SCG집단 평균	WCG집단 평균	평균차이 t값
투하자본수익률	가족기업	0.1377	2.940***	0.1757	0.1345	1.016
(ROIC)	비가족기업	0.0666		0.0906	0.0654	0.440
매출액증가율	가족기업	0.1049	0.097	0.0986	0.1055	-0.278
(GROW)	비가족기업	0.1034		0.0733	0.1049	-0.404
설립연수(AGE)	가족기업	3.4052	-2.887***	3.3774	3.4075	-0.711
	비가족기업	3.4821		3.50603	3.4810	0.235

<표 V-6>은 가족기업 표본을 대상으로 변수들 간의 상관관계를 피어슨 상관계수로 나타낸 것이다.

〈표 V-6〉 가족기업 표본을 이용한 변수 간의 상관계수

2005년~2013년 9개년의 전체표본을 대상으로 계산한 변수들 간의 상관계수 표임. *, **, ***는 각각 10%, 5%, 1%의 유의수준에서 유의함을 나타냄. 유의성 검정은 Pearson상관관계 검정임.

	DIV	MB	OWN	OUTDIR	BDSIZE	OCD	FOR	LEV
DIV	1.0000							
MB	0.0278*	1.0000						
OWN	0.0698***	-0.1107***	1.000					
OUTDIR	0.0208	0.0128	-0.0649***	1.0000				
BDSIZE	0.0568***	0.1120***	-0.0879***	0.2415***	1.0000			
OCD	0.0103	-0.0418***	-0.4040***	-0.0622***	-0.1060***	1.0000		
FOR	0.0336**	-0.0823***	-0.0320**	0.1862***	0.1591***	-0.0767***	1.000	
LEV	-0.1968***	0.0983***	-0.1542***	0.0608***	0.0744***	-0.1565***	-0.0898***	1.000
FCF	0.0941***	-0.0260*	0.0678***	-0.0348**	0.0045	0.0095	0.1057***	-0.2603***
CURR	0.0687***	-0.0521***	0.0741***	-0.0291*	-0.0811***	0.0761***	0.0381**	-0.3526***
SIZE	0.0049	0.0682***	-0.1083***	0.3649***	0.3872***	-0.2037***	0.2539***	0.1963***
ROIC	0.0824***	0.0418***	0.0673***	0.0362**	0.0063	0.0276*	0.0300*	-0.1241***
GROW	-0.0457***	0.0851***	0.0329**	-0.0285*	-0.0191	-0.0619***	-0.0283*	0.0479***
AGE	-0.0101	-0.1045***	-0.0981***	-0.0686***	0.0486***	0.1916***	0.0059	-0.0298*
FRD	-0.0565***	-0.0211	0.0103	-0.0692***	0.0052	0.0003	-0.1723***	0.0077

	FCF	CURR	SIZE	ROIC	GROW	AGE	FRD
FCF	1.0000						
CURR	0.0328**	1.0000					
SIZE	0.0190	-0.0881***	1.0000				
ROIC	0.0644***	0.0539***	0.0982***	1.0000			
GROW	0.0533***	-0.0293*	0.0121	0.0272*	1.0000		
AGE	0.0317**	-0.0141	0.0222	-0.0723***	-0.1411***	1.0000	
FRD	-0.0094	-0.0025	-0.0099	0.0093	0.0200	-0.0160	1.0000

<표 Ⅴ-7>은 투자기회 수준에 따른 각 변수의 기술통계량을 비교한 것이다. <표 Ⅴ-7>에서 투자기회가 많은 집단과 투자기회가 적은 집단에서 평균차이를 보이는 변수는 투자기회(MB), 소유지분율(OWN), 사외이사비율(OUTDIR), 이사회규모(BDSIZE), 소유지배괴리도(OCD), 외국인지분율(FOR), 레버리지비율(LEV), 잉여현금흐름(FCF), 유동비율(CURR), 기업규모(SIZE), 투하자본수익률(ROIC), 매출액증가율(GROW), 설립연수(AGE)이다.

투자기회 상위 50%와 투자기회 하위 50% 집단의 투자기회(MB)의 평균은 각각 1.4813배, 0.6768배로 투자기회 상위 50% 집단에서 투자기회가 높게 나타났다. 소유지분율(OWN)의 평균은 각각 40.97%, 45.22%이고, 사외이사비율(OUTDIR)의 평균은 각각 27.99%, 26.09%이다. 이사회규모(BDSIZE)의 평균은 각각 1.9316명, 1.8659명이고, 소유지배괴리도(OCD)의 평균은 각각 21.75%, 18.92%이다. 외국인지분율(FOR)은 14.70%, 22.16%이다. 레버리지비율(LEV)의 평균은 47.34%, 39.46%이고, 잉여현금흐름(FCF)의 평균은 각각 -0.13%, 5.42%이다. 유동비율(CURR)의 평균은 184.12%, 247.72%이다. 기업규모(SIZE)의 평균은 각각 26.9023, 26.4613이고, 투하자본수익률(ROIC)의 평균은 15.93%, 11.60%이다. 매출액증가율(GROW)의

평균은 각각 13.16%, 7.82%이고, 매출액증가율($GROW$)의 평균은
각각 13.16%, 7.82%이다. 설립연수(AGE)의 평균은 각각 3.3125,
3.4983년으로 나타났다.

〈표 Ⅴ-7〉 가족기업 투자기회 수준에 따른 각 변수의 기술통계량 비교

표본은 2005년부터 2013년까지 한국거래소 유가증권시장에 상장되어 있는 비금융업종 기업의 9개년 자료임. 배당성향(DIV)=배당금/당기순이익, 투자기회(MB)=(자기자본의 시장가치+부채의 장부가치)/총자산의 장부가치, 소유지분율(OWN)=대주주 및 친인척 지분율, 외국인지분율(FOR)=외국인 보유주식 수/총발행주식 수, 레버리지비율(LEV)=부채/총자산, 잉여현금흐름(FCF)=(당기순이익+감가상각비－배당)/(주가×발행주식 수), 유동비율($CURR$)=유동자산/유동부채, 기업규모($SIZE$)=ln총자산, 투하자본수익률($ROIC$)=세후순영업이익/평균투하자본, 매출액증가율($GROW$)=(당해연도 매출액－전년도 매출액)/전년도 매출액, 설립연수(AGE)=ln(설립 이후 경과 연수), *, **, ***는 각각 10%, 5%, 1%의 유의수준에서 유의함을 나타냄.

구분	투자기회 수준 상위 50% 평균	투자기회 수준 하위 50% 평균	평균차이 t값
배당성향(DIV)	0.1879	0.1952	-1.061
투자기회(MB)	1.4813	0.6768	39.465***
소유지분율(OWN)	0.4097	0.4522	-8.627***
사외이사비율($OUTDIR$)	0.2799	0.2609	3.849***
이사회규모($BDSIZE$)	1.9316	1.8659	6.791***
소유지배괴리도(OCD)	0.2175	0.1892	4.408***
외국인지분율(FOR)	0.1470	0.2216	-8.575***
레버리지비율(LEV)	0.4734	0.3946	13.243***
잉여현금흐름(FCF)	-0.0013	0.0542	-4.248***
유동비율($CURR$)	1.8412	2.4772	-4.353***
기업규모($SIZE$)	26.9023	26.4613	9.346***
투하자본수익률($ROIC$)	0.1593	0.1160	2.011**
매출액증가율($GROW$)	0.1316	0.0782	4.088***
설립연수(AGE)	3.3125	3.4983	-8.341***

3) 재벌기업과 비재벌기업 표본의 기술통계량

재벌기업 표본의 기술통계량은 <표 V-8>에 제시되어 있다. 재벌기업과 비재벌기업에서 평균차이를 보이는 변수는 투자기회(*MB*), 소유지분율(*OWN*), 사외이사비율(*OUTDIR*), 이사회규모(*BDSIZE*), 소유지배괴리도(*OCD*), 외국인지분율(*FOR*), 레버리지비율(*LEV*), 유동비율(*CURR*), 기업규모(*SIZE*), 투하자본수익률(*ROIC*), 설립연수(*AGE*)이다.

<표 V-8>에서 재벌기업과 비재벌기업의 투자기회(*MB*)의 평균은 각각 1.1985배, 1.0486배로 재벌기업의 투자기회가 높게 나타났다. 소유지분율(*OWN*)의 평균은 각각 41.36%, 43.03%이다. 사외이사비율(*OUTDIR*)의 평균은 각각 34.54%, 24.22%이고, 이사회규모(*BDSIZE*)의 평균은 각각 2.0121명, 1.8543명이다. 소유지배괴리도(*OCD*)의 평균은 각각 29.34%, 18.89%이고, 외국인지분율(*FOR*)의 평균은 24.05%, 16.04%이다. 레버리지비율(*LEV*)의 평균은 각각 48.70%, 42.01%이고, 유동비율(*CURR*)은 각각 162.26%, 232.75%이다. 기업규모(*SIZE*)는 평균이 28.2651, 26.0235이고, 투하자본수익률(*ROIC*)은 각각 19.96%, 9.90%이다. 설립연수(*AGE*)는 3.3761년, 3.4336년으로 나타났다.

재벌기업에서 양호한 지배구조기업과 취약한 지배구조기업으로 나누어 각 변수를 비교했을 때 배당성향(*DIV*), 투자기회(*MB*), 소유지분율(*OWN*), 사외이사비율(*OUTDIR*), 이사회규모(*BDSIZE*), 소유지배괴리도(*OCD*), 외국인지분율(*FOR*), 잉여현금흐름(*FCF*), 기

업규모($SIZE$)의 평균이 유의한 차이가 있는 것으로 나타났다. 비재 벌기업에서 양호한 지배구조기업과 취약한 지배구조기업으로 나누 어 각 변수를 비교했을 때 투자기회(MB), 소유지분율(OWN), 사외 이사비율($OUTDIR$), 이사회규모($BDSIZE$), 소유지배괴리도(OCD), 외 국인지분율(FOR), 기업규모($SIZE$)의 평균이 유의한 차이가 있는 것으로 나타났다.

〈표 V-8〉 재벌기업 표본의 기술통계량

표본은 2005년부터 2013년까지 한국거래소 유가증권시장에 상장되어 있는 비금융업종 기업의 9개년 자료인 총 4,915개임. 재벌기업은 1,290개이고, 비재벌기업은 3,625개임. 배당성향(DIV)=배당금/당기순이익, 투자기회 (MB)=(자기자본의 시장가치+부채의 장부가치)/총자산의 장부가치, 소유지분율(OWN)=지배주주 및 친인척 지분 율, 사외이사비율($OUTDIR$)=사외이사 수/등기이사 수, 이사회규모($BDSIZE$)=ln등기이사 수, 소유지배괴리도 (OCD)=1-(지배주주의 지배권-지배주주의 소유권), 외국인지분율(FOR)=외국인 보유주식 수/총발행주식 수, 레 버리지비율(LEV)=부채/총자산, 잉여현금흐름(FCF)=(당기순이익+감가상각비-배당)/(주가×발행주식 수), 유동 비율($CURR$)=유동자산/유동부채, 기업규모($SIZE$)=ln총자산, 투하자본수익률($ROIC$)=세후순영업이익/평균투하 자본, 매출액증가율($GROW$)=(당해연도 매출액-전년도 매출액)/전년도 매출액, 실립연수(AGE)=ln(실립 이후 경 과연수), *, **, ***는 각각 10%, 5%, 1%의 유의수준에서 유의함을 나타냄.

구분	재벌기업 여부	평균	평균차이 t값	SCG 집단 평균	WCG 집단 평균	평균차이 t값
배당성향(DIV)	재벌기업	0.1898	0.602	0.2253	0.1795	3.242***
	비재벌기업	0.1855		0.2171	0.1850	1.106
투자기회(MB)	재벌기업	1.1985	5.927***	1.3154	1.1646	3.267***
	비재벌기업	1.0486		1.5169	1.1047	4.538***
소유지분율 (OWN)	재벌기업	0.4138	-3.068***	0.3272	0.4389	-10.254***
	비재벌기업	0.4303		0.3938	0.4309	-1.728*
사외이사비율· ($OUTDIR$)	가족기업	0.3454	21.116***	0.4043	0.3283	5.520***
	비가족기업	0.2422		0.3350	0.2406	5.893***
이사회규모 ($BDSIZE$)	가족기업	2.0121	15.785***	2.1693	1.9665	9.727***
	비가족기업	1.8543		2.1955	1.8485	8.895***
소유지배괴리도 (OCD)	가족기업	0.2934	15.549***	0.2345	0.3106	-5.748***
	비가족기업	0.1889		0.2406	0.1881	1.926*
외국인지분율 (FOR)	재벌기업	0.2405	8.919***	0.3094	0.2205	5.059***
	비재벌기업	0.1604		0.2456	0.1588	2.623***

구분	재벌기업 여부	평균	평균차이 t값	SCG 집단 평균	WCG 집단 평균	평균차이 t값
레버리지비율 (*LEV*)	재벌기업	0.4870	10.626***	0.4804	0.4889	-0.649
	비재벌기업	0.4201		0.4339	0.4198	0.561
잉여현금흐름 (*FCF*)	재벌기업	0.0027	-0.737	0.0747	-0.0181	2.610**
	비재벌기업	0.0136		-0.0691	0.0150	-1.535
유동비율 (*CURR*)	재벌기업	1.6226	-5.017***	1.6435	1.6165	0.114
	비재벌기업	2.3275		1.7161	2.3378	-1.043
기업규모(*SIZE*)	재벌기업	28.2651	58.626***	29.5821	27.8832	18.921***
	비재벌기업	26.0235		27.6359	25.9963	12.476***
투하자본수익률 (*ROIC*)	재벌기업	0.1996	4.850***	0.1502	0.2140	-1.019
	비재벌기업	0.0990		0.2426	0.0966	2.283
매출액증가율 (*GROW*)	재벌기업	0.1100	0.517	0.1048	0.1115	-0.301
	비재벌기업	0.1028		0.0521	0.1036	-0.865
설립연수(*AGE*)	재벌기업	3.3761	-2.507**	3.4121	3.3657	0.921
	비재벌기업	3.4336		3.2953	3.4359	-1.569

<표 Ⅴ-9>는 재벌기업 표본을 대상으로 변수들 간의 상관관계를 피어슨 상관계수로 나타낸 것이다.

〈표 Ⅴ-9〉 재벌기업 표본을 이용한 변수 간의 상관계수

2005~2013년 9개년의 전체표본을 대상으로 계산한 변수들 간의 상관계수 표임. *, **, ***는 각각 10%, 5%, 1%의 유의수준에서 유의함을 나타냄. 유의성 검정은 Pearson상관관계 검정임.

	DIV	*MB*	*OWN*	*OUTDIR*	*BDSIZE*	*OCD*	*FOR*	*LEV*
DIV	1.0000							
MB	0.0956***	1.0000						
OWN	-0.0222	-0.1070***	1.0000					
OUTDIR	0.0632**	-0.0117	-0.1481***	1.0000				
BDSIZE	-0.0007	0.1708***	-0.1598***	0.2247***	1.0000			
OCD	0.0670**	-0.0518*	-0.5584***	0.1631***	0.1230***	1.0000		
FOR	0.0463*	-0.0607**	-0.2103***	0.2330***	0.2941***	0.1152***	1.0000	

	DIV	MB	OWN	OUTDIR	BDSIZE	OCD	FOR	LEV
LEV	-0.1938***	0.0020	-0.0718***	0.0352	0.1258***	-0.1488***	-0.1393***	1.0000
FCF	0.1077***	0.0185	-0.0151	-0.0172	0.0362	0.0734***	0.1249***	-0.2435***
CURR	0.0887***	-0.0222	0.0590**	-0.0030	-0.0648**	0.0607**	0.0417	-0.2936***
SIZE	-0.0052	-0.0128	-0.3546***	0.3375***	0.4463***	0.2512***	0.2813***	0.1345***
ROIC	0.1249***	0.0452	0.0684**	0.0105	-0.0287	0.1063***	0.0103	-0.1679***
GROW	-0.0512*	0.0608**	0.0650**	-0.0243	0.0238	-0.0480*	-0.0700**	0.0065
AGE	-0.0157	-0.1411***	-0.0477*	-0.0769***	0.0357	0.1333***	-0.0217	-0.0777***
FRD	0.0128	-0.0478*	-0.0176	-0.0860***	0.0394	0.0254	-0.1633***	-0.0147

	FCF	CURR	SIZE	ROIC	GROW	AGE	FRD
FCF	1.0000						
CURR	0.0231	1.0000					
SIZE	0.0872***	-0.0806***	1.0000				
ROIC	0.0635**	0.0437	0.0289	1.0000			
GROW	0.0229	-0.0005	-0.0094	0.0433	1.0000		
AGE	0.0601**	0.0632**	0.0793***	-0.0656**	-0.1203***	1.0000	
FRD	-0.0533*	0.0357	-0.0034	-0.0057	0.0738***	-0.0148	1.0000

<표 Ⅴ-10>은 투자기회 수준에 따른 각 변수의 기술통계량을 비교한 것이다. <표 Ⅴ-10>에서 투자기회가 많은 집단과 투자기회가 적은 집단에서 평균차이를 보이는 변수는 투자기회(MB), 소유지분율(OWN), 이사회규모(BDSIZE), 소유지배괴리도(OCD), 외국인지분율(FOR), 레버리지비율(LEV), 기업규모(SIZE), 매출액증가율(GROW), 설립연수(AGE)이다.

투자기회 상위 50%와 투자기회 하위 50% 집단의 투자기회(MB)의 평균은 각각 1.4750배, 0.6995배로 투자기회 상위 50% 집단에서 투자기회가 높게 나타났다. 소유지분율(OWN)의 평균은 각각 38.11%, 47.23%이고, 이사회규모(BDSIZE)의 평균은 각각 2.0468

명, 1.9503명이다. 소유지배괴리도(*OCD*)의 평균은 각각 28.66%, 30.69%이고, 외국인지분율(*FOR*)은 20.83%, 29.86%이다. 레버리지비율(*LEV*)의 평균은 50.36%, 45.71%이고, 기업규모(*SIZE*)의 평균은 각각 28.4236, 27.9791이다. 매출액증가율(*GROW*)의 평균은 각각 12.13%, 8.87%이고, 설립연수(*AGE*)의 평균은 각각 3.3026, 3.5088년으로 나타났다.

〈표 Ⅴ-10〉 재벌기업 투자기회 수준에 따른 각 변수의 기술통계량 비교

표본은 2005년부터 2013년까지 한국거래소 유가증권시장에 상장되어 있는 비금융업종 기업의 9개년 자료임. 배당성향(*DIV*)=배당금/당기순이익, 투자기회(*MB*)=(자기자본의 시장가치+부채의 장부가치)/총자산의 장부가치, 소유지분율(*OWN*)=대주주 및 친인척 지분율, 외국인지분율(*FOR*)=외국인 보유주식 수/총발행주식 수, 레버리지비율(*LEV*)=부채/총자산, 잉여현금흐름(*FCF*)=(당기순이익+감가상각비－배당)/(주가×발행주식 수), 유동비율(*CURR*)=유동자산/유동부채, 기업규모(*SIZE*)=ln총자산, 투하자본수익률(*ROIC*)=세후순영업이익/평균투하자본, 매출액증가율(*GROW*)=(당해연도 매출액－전년도 매출액)/전년도 매출액, 실립연수(*AGE*)=ln(설립 이후 경과연수), *, **, ***는 각각 10%, 5%, 1%의 유의수준에서 유의함을 나타냄.

구분	투자기회 수준 상위 50% 평균	투자기회 수준 하위 50% 평균	평균차이 t값
배당성향(*DIV*)	0.1864	0.1960	-0.773
투자기회(*MB*)	1.4750	0.6995	22.722***
소유지분율(*OWN*)	0.3811	0.4723	-9.623***
사외이사비율(*OUTDIR*)	0.3421	0.3512	-0.753
이사회규모(*BDSIZE*)	2.0468	1.9503	5.159***
소유지배괴리도(*OCD*)	0.2860	0.3069	-1.785*
외국인지분율(*FOR*)	0.2083	0.2986	-5.923***
레버리지비율(*LEV*)	0.5036	0.4571	4.066***
잉여현금흐름(*FCF*)	0.0035	0.0013	0.070
유동비율(*CURR*)	1.5035	1.8375	-1.617
기업규모(*SIZE*)	28.4236	27.9791	5.075***
투하자본수익률(*ROIC*)	0.2106	0.1798	0.563
매출액증가율(*GROW*)	0.1213	0.0887	1.698*
설립연수(*AGE*)	3.3026	3.5088	-4.733***

2. 실증분석 결과

1) 전체기업 분석결과

(1) 패널자료회귀모형에 의한 실증분석 결과

<표 V-11>은 패널자료회귀모형에 의해 투자기회가 배당성향에 미치는 영향을 분석한 결과이다. <표 V-11>에서 지배구조더미변수(GD)를 보면, [모형1]에서 회귀계수가 0.0361(t=1.52)로 유의한 관계를 확인할 수 없었다. [모형3]에서는 회귀계수가 0.0284(t=1.78)로 10% 유의수준에서 유의한 것으로 나타났다. [모형4]에서는 회귀계수가 0.0483(t=1.91)으로 10% 유의수준에서 유의한 것으로 나타났다. 또한 [모형1]에서 투자기회와 지배구조의 상호작용변수인 $MB \cdot GD$변수의 회귀계수는 -0.0073(t=-0.50)으로 유의한 관계를 확인할 수 없었고, [모형4]에서 투자기회와 지배구조의 상호작용변수인 $MB \cdot GD$변수의 회귀계수는 -0.0153(t=-1.02)으로 10% 유의수준에서 유의한 것으로 나타났다. 이러한 결과는 한국기업에 있어 지배구조의 특성이 기업의 배당정책에 영향을 미친다는 것을 의미하고, [가설1]을 지지하는 것으로 해석할 수 있다.

한편 투자기회변수(MB)는 [모형1]에서 회귀계수가 0.0098(t=2.31)로 5%유의수준에서 유의한 것으로 나타났고, [모형2]~[모형4]에서 회귀계수가 0.0086(t=1.82), 0.0084(t=1.78), 0.0092(t=1.92)로 10% 유의수준에서 유의한 것으로 나타났다. 이는 패널자료회귀분석에서

는 투자기회가 배당성향에 영향을 미친다는 것을 의미한다. 이는 [가설2]를 지지하는 것으로 해석할 수 있다.

<표 Ⅴ-11>에서 배당정책에 영향을 미치는 기업특성변수를 살펴보면, 레버리지비율(LEV), 투하자본수익률($ROIC$), 매출액증가율($GROW$), 설립연수(AGE), 금융위기기간더미(FRD)가 배당정책에 영향을 미치는 것으로 나타났다.

레버리지비율변수(LEV)는 [모형2], [모형3], [모형4]에서 회귀계수가 각각 -0.1537(t=-4.98), -0.1517(t=-4.91), -0.1522(t=-4.93)로 레버리지비율이 높을수록 배당이 감소하는 것으로 나타났다. 이는 레버리지가 증가하면 시장의 경영감시기능이 강화되기 때문에 배당정책을 경영감시 메커니즘으로 활용할 필요성이 낮기 때문으로 이해할 수 있다.

투하자본수익률($ROIC$)은 [모형2], [모형3], [모형4]에서 회귀계수가 각각 0.0093(t=1.78), 0.0095(t=1.82), 0.0096(t=1.83)으로 투하자본수익률이 높을수록 배당이 증가하는 것으로 나타났다. 이러한 결과는 투하자본수익률이 높은 기업의 경우 배당을 감소시킬 것이라는 예상과 다른 결과이다.

매출액증가율($GROW$)은 [모형2], [모형3], [모형4]에서 회귀계수가 각각 -0.0711(t=-2.34), -0.0706(t=-3.46), -0.0710(t=-3.48)으로 나타났다. 이는 투자자의 입장에서 매출액증가율이 높은 기업에 투자한 주주는 현금배당보다는 기업의 투자수익 증가에 의한 자본이득을 선호할 수 있기 때문으로 보인다.

설립연수(AGE)는 [모형2], [모형3], [모형4]에서 회귀계수가 각각 -0.07114(t=-3.49), -0.0706(t=-3.48), -0.0710(t=-3.48)으로 기업의

설립연수가 오래 되었을수록 배당이 감소하는 것으로 나타났다. 이는 기업의 설립연수가 오래 되었을수록 기업의 정보가 공개될 가능성이 크고 기업의 전망에 대한 불확실성이 낮아져 배당을 신호수단으로 활용할 필요성이 낮아지기 때문으로 보인다.

금융위기기간더미(FRD)는 [모형2], [모형3], [모형4]에서 회귀계수가 각각 -0.0259(t=-4.27), -0.0270(t=-4.44), -0.0271(t=-4.45)로 금융위기기간 동안에는 배당을 감소시킨 것으로 나타났다. 이는 금융위기기간 동안에는 기업들이 경영환경의 악화로 투자심리가 악화되고, 현금자산 보유 선호도에 따라 배당을 축소한 것으로 이해할 수 있다.

〈표 V-11〉 투자기회와 배당성향 간의 관계에 대한 패널자료회귀분석 결과

이 표는 전체 표본기업을 대상으로 투자기회와 배당성향 간의 영향관계를 밝히기 위해 패널자료회귀분석한 결과임. 각 기업이 9개년(2005~2013년)의 시계열을 갖는 불균형패널자료를 이용함. ( )안의 값은 t값임. ***, **, *는 각각 1%, 5%, 10% 수준에서 통계적으로 유의함을 나타냄. [모형1]은 (12)식을 분석하는 모형임. [모형2]는 외국인지분율, 레버리지비율, 잉여현금흐름, 유동비율, 기업규모, 투하자본수익률, 매출액증가율, 설립연수, 금융위기기간더미를 통제한 상황에서 투자기회가 배당성향에 미치는 영향관계를 분석하기 위한 패널자료회귀모형임. [모형3]은 투자기회가 배당성향에 미치는 영향을 분석하는 데 있어 지배구조의 특성을 반영하기 위하여 [모형2]에 지배구조더미변수(GD)를 포함시켜 분석하는 모형임. [모형4]는 지배구조와 투자기회가 배당정책에 미치는 영향을 추가적으로 분석하기 위해 지배구조와 투자기회의 상호작용변수($MB \cdot GD$)를 포함시킨 (13)식을 분석하는 모형임.[97] 각 변수의 설명은 <표 V-2> 참조.

$$DIV_{i\,t} = \alpha + \beta_1 GD_{i\,t} + \beta_2 MB \cdot GD_{i\,t} + \beta_3 MB_{i\,t} + \eta_i + \lambda_t + e_{i\,t}$$

$$DIV_{i\,t} = \alpha + \beta_1 GD_{i\,t} + \beta_2 MB \cdot GD_{i\,t} + \beta_3 MB_{i\,t} + \beta_4 FOR_{i\,t} + \beta_5 LEV_{i\,t}$$
$$+ \beta_6 FCF_{i\,t} + \beta_7 CURR_{i\,t} + \beta_8 SIZE_{i\,t} + \beta_9 ROIC_{i\,t} + \beta_{10} GROW_{i\,t}$$
$$+ \beta_{11} AGE_{i\,t} + \beta_{12} FRD_{i\,t} + \eta_i + \lambda_t + e_{i\,t}$$

구분	[모형1]	[모형2]	[모형3]	[모형4]
상수항	0.1775***(23.03)	0.4911**(1.62)	0.4963**(2.23)	0.4971**(2.23)
GD	0.0361 (1.52)	-	0.0284*(1.78)	0.0483*(1.91)
MB · GD	-0.0073 (-0.50)	-	-	-0.0153*(-1.02)
MB	0.0098**(2.31)	0.0086*(1.82)	0.0084*(1.78)	0.0092*(1.92)
FOR	-	0.0109 (1.00)	0.0108 (0.99)	0.0108 (0.99)

구분	[모형1]	[모형2]	[모형3]	[모형4]
$L\acute{E}V$	-	-0.1537*** (-4.98)	-0.1517*** (-4.91)	-0.1522*** (-4.93)
FCF	-	0.0057 (0.90)	0.0058 (0.93)	0.0058 (0.92)
$CURR$	-	0.0007 (0.79)	0.0006 (0.76)	0.0006 (0.74)
$SIZE$	-	-0.0000 (-0.00)	-0.0003 (-0.04)	-0.0003 (-0.04)
$ROIC$	-	0.0093* (1.78)	0.0095* (1.82)	0.0096* (1.83)
$GROW$	-	-0.0149** (-2.34)	-0.0150** (-2.35)	-0.0151** (-2.38)
AGE	-	-0.0711*** (-3.49)	-0.0706*** (-3.46)	-0.0710*** (-3.48)
FRD	-	-0.0259*** (-4.27)	-0.0270*** (-4.44)	-0.0271*** (-4.45)
g통계량	2,564.87***	2,161.81***	2,160.36***	2,160.28***
m통계량	1.12	43.09***	41.74***	42.12***
적합모형	확률효과모형	고정효과모형	고정효과모형	고정효과모형
표본기업 수	4,915개	4,915개	4,915개	4,915개
R^2	0.0016	0.0191	0.0198	0.0201
F값	9.11	8.26***	7.80***	7.24***

(2) 내생적 전환회귀모형에 의한 실증분석 결과

기업의 양호한 지배구조 혹은 취약한 지배구조의 선택에는 선택
편의(selection bias)가 발생하거나 지배구조가 배당정책의 결정구조
와 연계되어 내생적(endogenous)으로 결정된다면 투자기회와 배당
정책 간의 관계를 분석하는 데 영향을 미칠 수 있다고 하였다. 따
라서 여기서는 이러한 문제를 고려한 분석결과를 확인하기 위하여

---

97) g통계량은 라그랑지 승수 검정(H_0: $\sigma_\eta^2 = 0$, $\sigma_\lambda^2 = 0$)에 대한 통계량임. 라그랑지 승수 검정은 기
업특성효과(η_i)와 시간특성효과(λ_t)의 존재 여부를 검정하는 것임. 귀무가설이 기각되는 경우
오차항은 $\eta_i + \lambda_t + e_{i,t}$와 같이 되고, η_i와 λ_t의 존재 때문에 일반최소자승법(OLS)으로 효율적인
추정량을 구할 수 없음을 의미함. m통계량은 하우즈만 검정(H_0: $E(\eta_i / X_{i,t}) = 0$, $E(\lambda_t / X_{i,t}) = 0$)
에 대한 통계량임. 하우즈만 검정은 η_i와 λ_t를 고정효과모형으로 추정할 것인가 혹은 확률효
과모형으로 추정할 것인가를 검정하는 것임. 만약 $E(\eta_i / X_{i,t}) = 0$, $E(\lambda_t / X_{i,t}) = 0$이라는 귀무가
설이 채택될 경우에는 확률효과모형에 의한 GLS추정량이 일치성과 효율성을 가지게 되어 확
률효과모형으로 추정하는 것이 바람직함. 만약 귀무가설이 기각된다면 GLS추정량은 불일치성
을 가지게 되므로 고정효과모형에 의한 추정이 바람직하게 됨.

내생적 전환회귀모형을 사용하여 투자기회와 배당정책 간의 관계를 분석하였다.

<표 V-12>는 내생적 전환회귀모형의 추정된 결과들을 보여준다. 투자기회변수(MB)의 회귀계수를 보면 양호한 지배구조체제에서는 -0.0084(z =-0.49)로 비유의적인 부($-$)의 관계를 보이고 있다. 그렇지만 취약한 지배구조체제에서는 회귀계수가 0.0125(z =3.03)로 1% 유의수준에서 유의한 정($+$)의 관계를 보이고 있다. 이러한 결과는 투자기회와 배당정책 간의 관계에 있어 기업의 지배구조 특성이 영향을 미친다는 것을 의미한다.

또한 양호한 지배구조체제에서 유의한 영향관계를 확인할 수 없게 나타나고, 취약한 지배구조체제에서는 유의한 정($+$)의 영향관계가 나타나는 결과는 투자기회가 많고 미래 성장전망이 높을 경우에 기업은 성장을 위하여 많은 투자자금이 필요하게 된다. 이 경우기업은 외부자금조달의 필요성 때문에 배당을 높여 주주 권리보호와 관련된 평판을 쌓는 더 큰 유인을 가지는 것으로 이해할 수 있다. 본 연구에서 제시된 [가설4]의 대체모형가설을 지지하는 것으로 해석할 수 있다. 이는 앞의 패널자료회귀분석에서는 나타나지 않은 결과이다. 즉 기업이 외부자금시장으로부터 좋은 조건의 자금을 조달하기 위해서는 주주의 권리를 잘 보호한다는 평판을 얻는 것이 필요한 것으로 이해할 수 있었다.

<표 V-12>의 양호한 지배구조체제에서 배당정책에 영향을 미치는 기업특성변수는 기업규모($SIZE$), 설립연수(AGE)변수이다. 기업규모($SIZE$)는 회귀계수가 -0.0378(z =-2.34)로 기업규모가 클수록 정보비대칭문제가 축소되기 때문에 배당을 통한 신호효과를 고려할 필요가 없는 것으로 이해할 수 있다. 설립연수(AGE)는 회귀

계수가 -0.0318(z =-1.80)로 기업의 설립연수가 오래될수록 배당이 감소하는 것으로 나타났다. 지배구조가 양호하면서 설립연수가 오래된 기업일수록 정보비대칭의 수준이 상대적으로 낮을 것이기 때문에 신호수단으로 배당정책을 활용할 필요성이 낮아 배당을 감소시키는 것으로 이해할 수 있다.

한편 <표 V-12>의 취약한 지배구조체제에서 배당정책에 영향을 미치는 기업특성변수는 레버리지비율(LEV), 잉여현금흐름(FCF), 기업규모($SIZE$), 투하자본수익률($ROIC$), 매출액증가율($GROW$), 금융위기기간더미(FRD) 등이다.

레버리지비율(LEV)과 배당 간의 부(-)의 관계는 시장감시기능과 연관시켜 이해할 수 있다. 취약한 지배구조를 가진 기업은 양호한 지배구조를 가진 기업에 비해 시장의 경영감시기능이 강화될 필요가 높다. 그런데 Jensen and Meckling(1976), Jensen(1986), Stulz(1988) 등이 지적한 것처럼 부채가 증가하면 경영자에 대한 시장감시기능이 강화되기 때문에 배당정책을 통제메커니즘으로 활용할 필요성이 낮아질 수 있다. 다른 한편으로는 취약한 지배구조를 가진 기업에서는 상대적으로 양호한 지배구조를 가진 기업보다 대리인문제의 발생 가능성이 높기 때문에 채권자가 채무약정서(debt covenant)에 배당지급을 제한하는 조건을 부가할 가능성이 높다. 이로 인해 취약한 지배구조를 가진 기업에서 레버리지와 배당 간에 부(−)의 관계가 나타났을 수도 있다.

잉여현금흐름(FCF)은 배당과 정(+)의 관계로 나타났다. 잉여현금흐름이 증가하면 과잉투자에 의한 대리인비용이 증가할 수 있기 때문에 배당을 증가시켜 자본시장의 감시·통제기능을 강화하는 것으로 이해할 수 있다. 또 한편으로는 잉여현금흐름이 발생하는 경우 배당의 지급여력이 증가하기 때문에 배당이 증가하는 것으로 이해할 수 있다.

기업규모(*SIZE*)는 배당과 정(+)의 관계로 나타났다. 기업규모가 커질수록 대리인비용의 발생 가능성이 높아진다. 그런데 지배구조도 취약한 경우 대리인비용의 발생 가능성이 훨씬 증가할 수 있다. 따라서 배당을 통한 외부 자본시장의 감시·통제기능을 강화할 필요성 높아져 기업규모와 배당 간에 정(+)의 관계로 나타난 것으로 이해할 수 있다. 또 한편으로는 기업규모가 클수록 증권발행과 관련된 거래비용이 낮아지기 때문에 외부자금조달을 원활히 할 수 있게 되어 배당을 증가시켰을 가능성도 있다.

투하자본수익률(*ROIC*)변수가 취약한 지배구조 기업에서 유의한 정(+)의 관계가 나타난 것은 취약한 지배구조기업의 경우 재투자에 의한 미래수익을 기대하기보다는 현재 시점에서 성과를 배분하고자 하는 유인이 강하게 작용하는 것으로 이해할 수 있다. 전체기업분석에서 투하자본수익률과 배당정책 간에 정(+)의 관계로 나타났던 것은 취약한 지배구조기업의 특성이 강하게 작용한 때문으로 보인다.

매출액증가율(*GROW*)변수는 배당과 유의한 부(−)의 관계가 나타난 것은 매출액 증가율이 높은 기업은 투자자금에 대한 수요가 많기 때문에 배당에 의해 현금이 사외로 유출되는 것을 꺼릴 수 있기 때문으로 보인다.

금융위기기간더미(*FRD*)변수가 취약한 지배구조 기업에서 유의한 부(−)의 관계가 나타난 것은 금융위기 동안 취약한 지배구조기업들이 자금조달 압박을 더 많이 받아서 배당 축소에 의한 내부자금 조달 선호도가 더 높았던 것으로 이해할 수 있다.

<표 V-12>의 하단에 제시된 지배구조 결정변수의 회귀계수를

보면, 소유지분율(OWN)은 -0.9757(z =-3.33)로 부(-)의 계수 값을
보였다. 사외이사비율($OUTDIR$), 이사회규모($BDSIZE$)의 회귀계수
는 각각 0.4939(z =2.61), 0.5412(z=4.27)로 유의한 정(+)의 계수 값을 보
이고 있다. 한편 소유지배괴리도(OCD)의 회귀계수는 -0.3126(z =-1.33)
으로 비유의한 부(-)의 계수 값을 보이고 있다. 이는 소유지분율이
작을수록, 사외이사비율이 높을수록, 이사회규모가 클수록 양호한
지배구조로 분류된다는 것을 의미한다.

〈표 V-12〉 투자기회와 배당성향 간의 관계에 대한 내생적 전환회귀분석 결과

이 표는 내생적 전환회귀모형을 사용하여 투자기회와 배당정책 간의 관계를 분석한 결과임. ( )안의 숫자는 z값임.
*, **, ***는 각각 유의수준 10%, 5%, 1%에서 유의적임을 나타냄.

$$I_i = 1 \quad \text{if } \gamma z_i + u_i > 0, \quad I_i = 0 \quad \text{if } \gamma z_i + u_i \leq 0$$
$$\text{SCG regime: } DIV_{1i} = \beta^{SCG} x_{1i} + \varepsilon_{1i} \quad \text{if } I_i = 1,$$
$$\text{WCG regime: } DIV_{2i} = \beta^{WCG} x_{2i} + \varepsilon_{2i} \quad \text{if } I_i = 0$$

반응함수 (response function)	SCG regime		WCG regime	
상수항	1.5504***	(3.08)	-0.0082	(-0.11)
MB	-0.0084	(-0.49)	0.0125***	(3.03)
FOR	0.0198	(0.35)	0.0091	(0.77)
LEV	-0.0255	(-0.33)	-0.2291***	(-12.46)
FCF	0.0228	(0.68)	0.0263***	(3.61)
$CURR$	0.0047	(0.88)	-0.0001	(-0.14)
$SIZE$	-0.0378**	(-2.34)	0.0113***	(4.03)
$ROIC$	0.0080	(0.19)	0.0174***	(3.56)
$GROW$	-0.0280	(-0.62)	-0.0143*	(-1.94)
AGE	-0.0318*	(-1.80)	-0.0039	(-0.86)
FRD	-0.0037	(-0.14)	-0.0278***	(-3.52)

선택함수 (threshold equation)	상수항	OWN	$OUTDIR$	$BDSIZE$	OCD
	-18.0251***	-0.9757***	0.4939***	0.5412***	-0.3126
	(-20.00)	(-3.33)	(2.61)	(4.27)	(-1.33)

2) 가족기업 분석결과

앞의 이론적 배경에서 가족경영의 특성은 기업의 배당정책에 정 (+) 또는 부(−)의 영향을 미칠 수 있다고 하였다. Jensen(1986)은 가족기업은 잉여현금흐름 관련 대리인문제를 완화시키기 위해 배당지급을 늘릴 필요성이 낮다고 하였고, Gugler(2003)는 가족통제가 효율적인 기업지배메커니즘으로 작동하기 때문에 배당지급의 필요성이 낮아진다고 하였다.[98] 반면에 Faccio et al.(2001), Setia-Atmaja et al.(2009)은 가족기업에서 배당정책을 소액주주의 부(wealth) 착취 관련 대리인문제를 완화시키는 수단으로 활용할 수 있기 때문에 배당이 증가한다고 하였다.[99] Michaely and Roberts(2006)는 소유집중도가 높은 가족기업의 경우에는 경영자와 주주의 이해일치도가 높기 때문에 소유분산기업에 비해 배당을 증가시킬 수 있다고 하였다.[100]

이와 같이 기업의 가족경영 특성은 배당정책에 영향을 미칠 수 있으므로 여기서는 기업의 가족경영 특성을 반영하여 투자기회와 배당정책의 관계를 분석하였다.

98) M. Jensen(1986), "Agency Costs of Free Cash-flow, Corporate Finance and Takerovers", American Economic Review, 76(2), 323-329; Gugler(2003)

99) M. Faccio and L. Lang(2002), "The Ultimate Ownership of Western European Corporations", Journal of Financial Economics, 65(3), 365-395; L. S. Setia-Atmaja, G. A. Tanewski and M. Skully(2009), "The Role of Dividends, Debt and Board Structure in the Governance of Family-controlled Firms", Journal of Business Finance and Accounting, 36(7/8), 863-898.

100) R. Michaely and M. Roberts(2006), "Dividend Smoothing, Agency Costs, and Information Asymmetry: Lessons from the Dividend Policies of Private Firms", Working Paper, Cornell University.

(1) 가족경영 특성의 패널자료회귀모형에 의한 실증분석 결과

앞의 이론적 배경에서 가족경영의 특성은 기업의 배당정책에 영향을 미칠 수 있다고 하였다. 따라서 여기서는 가족경영 특성을 반영하였을 때 투자기회와 배당정책 간의 관계를 분석하였다.

<표 V-13>은 가족경영 특성을 고려하여 패널자료회귀모형에 의해 투자기회가 배당성향에 미치는 영향을 분석한 결과이다. <표 V-13>을 보면 [모형1]에서 지배구조더미변수(GD)를 보면, [모형1]은 지배구조더미변수의 회귀계수가 0.0359(t=1.51)로 5% 유의수준에서 유의한 영향관계가 나타났고, [모형2]~[모형5]에서 지배구조더미변수의 회귀계수가 각각 0.0483(t=1.91), 0.0484(t=1.92), 0.0482(t=1.91), 0.0483(t=1.91)으로 10% 유의수준에서 유의한 것으로 나타났다. 또한 투자기회와 지배구조 상호작용변수($MB \cdot GD$)를 보면, [모형1], [모형3], [모형4], [모형5]에서 투자기회와 지배구조 상호작용변수의 회귀계수는 -0.0075(t=-0.52), -0.0160(t=-1.07), -0.0152(t=-1.01), -0.0153(t=-1.02)으로 유의한 영향관계를 확인할 수 없다. 하지만 [모형2]에서 기업특성변수를 통제한 상태에서 투자기회와 지배구조 상호작용변수의 회귀계수는 -0.0153(t=-1.02)으로 10% 유의수준에서 유의한 것으로 나타났다. 이러한 결과는 한국기업에 있어 가족경영 특성과 기업특성변수를 통제한 상황에서 지배구조의 특성이 기업의 배당정책에 영향을 미친다는 것을 의미한다. 즉 [가설1]을 지지하는 것으로 해석할 수 있다.

한편 [모형1]~[모형5]에서 투자기회변수(MB)의 회귀계수가 각각 0.0100(t=2.35), 0.0092(t=1.93), 0.0083(t=1.72), 0.0092(t=1.92), 0.0092 (t=1.93)로 유의한 영향관계를 확인할 수 있었다. 이는 패널자료회귀분석에서 투자기회가 배당성향에 유의한 정(+)의 영향관계를 확인할 수 있는 결과이며 [가설2]를 지지하는 것으로 해석할 수 있다.

<표 Ⅴ-13>에서 배당정책에 영향을 미치는 기업특성변수를 살펴보면, 외국인지분율(FOR), 레버리지비율(LEV), 투하자본수익률($ROIC$), 매출액증가율($GROW$), 설립연수(AGE), 금융위기기간더미(FRD)가 배당정책에 영향을 미치는 것으로 나타났다.

[모형1], [모형2], [모형4], [모형5]에서 가족경영 특성 더미변수의 회귀계수는 각각 0.0095(t=0.93), 0.0004(t=0.04), 0.0008(t=0.09), 0.0011(t=0.10)로 유의한 영향관계를 확인할 수 없다. 이러한 관계는 가족경영 여부에 의해 배당정책이 영향을 받는지 확인할 수 없는 결과이다. 하지만 [모형3]의 지배가족 소유지분율 더미변수의 회귀계수는 -0.0210(t=1.90)으로 유의한 영향관계를 확인할 수 있었다. 이는 가족경영 특성 중 지배가족 구성원이 경영에 참여하는 경우에는 배당정책에 유의한 부(−)의 영향이 미치는 것으로 나타났다.

〈표 V-13〉 가족경영 특성을 통제한 경우 패널자료회귀분석 결과

이 표는 가족경영 관련 변수를 통제한 상황에서 투자기회와 배당정책의 관계를 분석한 패널자료회귀모형의 결과임. [모형1]은 (12)식에 가족기업 여부 더미($FAMILY$)를 포함한 것임. [모형2]는 (14)식을 분석한 모형임. [모형3]은 가족경영 더미변수 대신에 각각 지배가족 소유지분율 더미변수($FAMILY1$)를, [모형4]는 지배가족 경영 참여 여부 더미($FAMILY2$)를, [모형5]는 총수가 있는 대규모 기업집단 계열사 여부더미($FAMILY3$)를 포함시킨 모형임. 각 기업이 9개년(2005~2013년)의 시계열을 갖는 불균형패널자료를 이용함. ( )안의 값은 t값임. ***, **, *는 각각 1%, 5%, 10% 수준에서 통계적으로 유의함을 나타냄. g통계량은 라그랑지 승수 검정(H_0: $\sigma^2_\eta = 0$, $\sigma^2_\lambda = 0$)에 대한 통계량임. m통계량은 하우즈만 검정(H_0: $E(\eta_i / x_{i\,t}) = 0$, $E(\lambda_t / x_{i\,t}) = 0$)에 대한 통계량임.

$$DIV_{i\,t} = \alpha + \beta_1 MB_{i\,t} + \beta_2 GD_{i\,t} + \beta_3 MB \cdot GD_{i\,t} + \beta_4 FOR_{i\,t} + \beta_5 LEV_{i\,t} \quad (14)$$
$$+ \beta_6 FCF_{i\,t} + \beta_7 CURR_{i\,t} + \beta_8 SIZE_{i\,t} + \beta_9 ROIC_{i\,t} + \beta_{10} GROW_{i\,t}$$
$$+ \beta_{11} AGE_{i\,t} + \beta_{12} FRD_{i\,t} + \beta_{13} FAMILY_{i\,t} + \eta_i + \lambda_t + e_{i\,t}$$

구분	[모형1]	[모형2]	[모형3]	[모형4]	[모형5]
상수항	0.1694***(14.58)	0.4979**(2.22)	0.4744**(2.13)	0.4977**(2.23)	0.4986**(2.23)
GD	0.0359**(1.51)	0.0483*(1.91)	0.0484*(1.92)	0.0482*(1.91)	0.0483*(1.91)
MB · GD	-0.0075(-0.52)	-0.0153*(-1.02)	-0.0160(-1.07)	-0.0152(-1.01)	-0.0153(-1.02)
MB	0.0100**(2.35)	0.0092*(1.93)	0.0083*(1.72)	0.0092*(1.92)	0.0092*(1.93)
FOR	-	0.0108(0.99)	0.0261*(1.92)	0.1113(0.92)	0.0101(0.77)
LEV	-	-0.1521***(-4.91)	-0.1516***(-4.91)	-0.1522***(-4.93)	-0.1521***(-4.92)
FCF	-	0.0058(0.92)	0.0052(0.83)	0.0057(0.91)	0.0058(0.92)
CURR	-	0.0006(0.74)	0.0008(0.94)	0.0006(0.74)	0.0006(0.74)
SIZE	-	-0.0004(-0.05)	-0.0002(-0.02)	-0.0004(-0.05)	-0.0004(-0.05)
ROIC	-	0.0096*(1.83)	0.0096*(1.84)	0.0096*(1.83)	0.0096*(1.83)
GROW	-	-0.0151**(-2.38)	-0.0151**(-2.38)	-0.0151**(-2.38)	-0.0152**(-2.38)
AGE	-	-0.0710***(-3.48)	-0.0686***(-3.36)	-0.0709***(-3.48)	-0.0712***(-3.48)
FRD	-	-0.0271***(-4.45)	-0.0276***(-4.53)	-0.0271***(-4.45)	-0.0271***(-4.45)
FAMILY	0.0095(0.93)	0.0004(0.04)	-	-	-
FAMILY1	-	-	-0.0210*(-1.90)	-	-
FAMILY2	-	-	-	0.0008(0.09)	-
FAMILY3	-	-	-	-	0.0011(0.10)
g통계량	2,524.81***	2,143.13***	2,163.78***	2,130.75***	2,149.93***
m통계량	3.21	41.98***	41.20***	41.72***	43.01***
적합모형	확률효과모형	고정효과모형	고정효과모형	고정효과모형	고정효과모형
표본기업 수	4,915개	4,915개	4,915개	4,915개	4,915개
R^2	0.0015	0.0201	0.0209	0.0201	0.0201
F값	9.99	5.68***	6.96***	6.68***	6.68***

(2) 가족경영기업 특성의 내생적 전환회귀모형에 의한 실증분석 결과

<표 V-14>는 가족경영 특성을 고려한 내생적 전환회귀모형의 추정 결과이다. 양호한 지배구조체제와 취약한 지배구조체제에서 가족경영 더미변수의 회귀계수를 보면, 각각 -0.1100(z =-2.78)과 0.0235 (z =2.81)로 유의적인 영향관계를 보이고 있다. 가족경영 여부에 의해 배당정책이 영향을 받는다는 것을 확인할 수 있는 결과이다.

투자기회변수(MB)의 회귀계수를 보면 양호한 지배구조체제에서는 -0.0082(z =-0.48)로 비유의한 부($-$)의 영향관계를 보이고 있다. 그렇지만 취약한 지배구조체제에서는 회귀계수가 0.0129(z =3.12)로 유의적인 정(+) 영향관계를 보이고 있다. 이러한 결과는 취약한 지배구조체제에서 투자기회가 배당정책에 정(+)의 영향을 미친다는 것을 의미한다.

이러한 결과는 가족기업 특성을 통제한 상황에서도 전체기업 표본을 분석한 결과와 동일하게 본 연구에서 제시된 [가설4]의 대체모형가설을 지지하는 것으로 해석할 수 있다.

<표 V-14>의 양호한 지배구조체제에서 배당정책에 영향을 미치는 기업특성변수는 기업규모($SIZE$)와 설립연수(AGE)변수이다. 기업규모($SIZE$)와 설립연수(AGE)는 회귀계수가 각각 -0.0424(t=-2.64)와 -0.0330(t=-1.89)으로 배당정책에 부($-$)의 영향관계를 보이고 있다. 이는 전체기업 표본을 분석한 결과와 동일하다.

한편 <표 V-14>의 취약한 지배구조체제에서 배당정책에 영향을 미치는 기업특성변수는 잉여현금흐름(FCF), 기업규모($SIZE$), 투

하자본수익률($ROIC$)은 정($+$)의 관계를 갖는 것으로 나타났다. 하지만 레버리지비율(LEV), 매출액증가율($GROW$), 금융위기기간더미(FRD)는 부($-$)의 관계를 갖는 것으로 나타났다. 이러한 결과는 전체기업 표본을 분석한 결과와 동일하다.

<표 V-14>의 하단에 제시된 지배구조 결정변수의 회귀계수를 보면, 소유지분율(OWN)은 -1.0363(z=-3.50)로 부($-$)의 계수 값을 보이고 있다. 사외이사비율($OUTDIR$), 이사회규모($BDSIZE$)의 회귀계수는 각각 0.4847(z=2.56), 0.5668(z=4.42)로 유의한 정($+$)의 계수 값을 보이고 있다. 한편 소유지배괴리도(OCD)의 회귀계수는 -0.3441 (z=-1.45)로 유의한 부($-$)의 계수 값을 보이고 있다. 이는 소유지분율과 소유지배괴리도가 작을수록, 사외이사비율이 높을수록, 이사회규모가 클수록 양호한 지배구조로 분류된다는 것을 의미한다. 이러한 결과는 소유지배괴리도가 유의적으로 나타난 것을 제외하면 전체기업을 분석한 <표 V-12>의 결과와 동일하다.

〈표 V-14〉 가족기업 특성을 통제한 경우 투자기회와 배당성향 간의 관계에 대한 내생적 전환회귀분석 결과

표본은 2005년부터 2013년까지 한국거래소 유가증권시장에 상장되어 있는 비금융업종 기업의 9개년 자료인 총 4,915개임. 가족기업(4,066개)을 의미함. 이 표는 가족기업 특성 변수($FAMILY$)를 통제한 상황에서 내생적 전환회귀모형을 사용하여 투자기회와 배당정책 간의 관계를 분석한 결과임. ( )안의 숫자는 z값임. *, **, ***는 각각 유의수준 10%, 5%, 1%에서 유의적임을 나타냄.

$$I_i = 1 \quad \text{if } \gamma z_i + u_i > 0, \ I_i = 0 \quad \text{if } \gamma z_i + u_i \le 0$$
$$\text{SCG regime: } DIV_{1i} = \beta^{SCG} x_{1i} + \varepsilon_{1i} \quad \text{if } I_i = 1,$$
$$\text{WCG regime: } DIV_{2i} = \beta^{WCG} x_{2i} + \varepsilon_{2i} \quad \text{if } I_i = 0$$

반응함수 (response function)	SCG regime		WCG regime	
상수항	1.7726***	(3.49)	-0.0089	(-0.12)
MB	-0.0082	(-0.48)	0.0129***	(3.12)

반응함수 (response function)	SCG regime		WCG regime	
FOR	0.0186	(0.33)	0.0097	(0.82)
LEV	-0.0137	(-0.18)	-0.2270***	(-12.34)
FCF	0.0371	(1.10)	0.0251***	(3.48)
CURR	0.0036	(0.66)	-0.0000	(-0.13)
SIZE	-0.0424***	(-2.64)	0.0105***	(3.70)
ROIC	0.0156	(0.36)	0.0172***	(3.52)
GROW	-0.0246	(-0.55)	-0.0141*	(-1.91)
AGE	-0.0330*	(-1.89)	-0.0032	(-0.72)
FRD	0.0003	(0.01)	-0.0281***	(-3.55)
FAMILY	-0.1100***	(-2.78)	0.0235***	(2.81)

선택함수 (threshold equation)	상수항	OWN	OUTDIR	BDSIZE	OCD
	-18.3976***	-1.0363***	0.4847**	0.5668***	-0.3441*
	(-19.80)	(-3.50)	(2.55)	(4.42)	(-1.45)

앞에서 가족기업 여부를 결정하는 기준으로 세 가지를 사용하였
다. 여기서는 가족기업의 특성이 배당정책에 미치는 영향을 보다
세밀하게 분석하기 위하여 가족기업더미변수(FAMILY)를 대용하여
세 가지 기준을 각각의 변수로 설정하여 분석해보았다. 즉 첫 번째
분류기준으로 사용된 지배가족의 지분율 기준에서 지배가족의 지
분율이 50% 이상인 경우 더미변수 값 1을 부여하는 변수로 FAMILY1
을 사용한다. 두 번째 분류기준으로 사용된 지배가족 구성원의 경
영참여 여부를 대용변수로 FAMILY2라는 더미변수를 사용한다. 세
번째 분류기준으로 사용된 총수가 있는 대규모 기업집단 계열사
여부에 대해서는 FAMILY3이라는 더미변수를 사용한다.

<표 V-15>는 지배가족의 소유권이 50% 이상인 기업의 가족경
영 특성을 고려한 내생적 전환회귀모형의 추정 결과이다. 양호한

지배구조체제에서 지배가족의 소유권이 50% 이상인 더미변수 ($FAMILY1$)의 회귀계수는 0.0027(z =0.05)로 유의한 영향관계를 확인할 수 없다. 하지만 취약한 지배구조체제에서 지배가족의 소유권이 50% 이상인 더미변수($FAMILY1$)의 회귀계수는 -0.0205(z =-2.18)로 유의한 영향관계를 확인할 수 있다. 이는 지배가족의 소유권이 50% 이상인 기업은 취약한 지배구조에 의해 배당정책이 영향을 받는다는 결과이다.

투자기회변수(MB)의 회귀계수를 보면 양호한 지배구조체제에서는 -0.0085(z =-0.48)로 비유의한 부(−)의 관계를 보이고 있다. 그렇지만 취약한 지배구조체제에서는 회귀계수가 0.0113(z =2.73)으로 1% 유의수준에서 유의한 정(+)의 관계를 보이고 있다. 이러한 결과는 가족기업 더미변수($FAMILY$)를 사용하여 분석한 결과와 동일하다.

〈표 Ⅴ-15〉 지배가족의 소유지분율이 50% 이상인 기업특성을 통제한 경우 투자기회와 배당성향 간의 관계에 대한 내생적 전환회귀분석 결과

표본은 2005년부터 2013년까지 한국거래소 유가증권시장에 상장되어 있는 비금융업종 기업의 9개년 자료인 총 4,915개임. 지배가족의 소유지분이 50% 이상인 기업(846개)을 의미함. 이 표는 지배가족의 소유지분율이 50% 이상인 경우를 나타내는 더미변수($FAMILY1$)를 통제한 상황에서 내생적 전환회귀모형을 사용하여 투자기회와 배당정책 간의 관계를 분석한 결과임. ( )안의 숫자는 z값임. *, **, ***는 각각 유의수준 10%, 5%, 1%에서 유의적임을 나타냄.

$$I_i = 1 \quad \text{if } \gamma z_i + u_i > 0, \quad I_i = 0 \quad \text{if } \gamma z_i + u_i \leq 0$$
$$\text{SCG regime: } DIV_{1i} = \beta^{SCG} x_{1i} + \varepsilon_{1i} \quad \text{if } I_i = 1,$$
$$\text{WCG regime: } DIV_{2i} = \beta^{WCG} x_{2i} + \varepsilon_{2i} \quad \text{if } I_i = 0$$

반응함수 (response function)	SCG regime		WCG regime	
상수항	1.5499***	(3.09)	0.0146	(0.20)
MB	-0.0085	(-0.48)	0.0113***	(2.73)
FOR	0.0180	(0.26)	0.0216	(1.63)
LEV	-0.0255	(-0.33)	-0.2308***	(-12.54)

반응함수 (response function)	SCG regime		WCG regime	
FCF	0.0233	(0.69)	0.0258***	(3.58)
$CURR$	0.0047	(0.87)	-0.0000	(-0.04)
$SIZE$	-0.0378**	(-2.33)	0.0064**	(2.06)
$ROIC$	0.0088	(0.20)	0.0106***	(3.77)
$GROW$	-0.0284	(-0.62)	-0.0145**	(-1.97)
AGE	-0.0319*	(-1.80)	-0.0041	(-0.92)
FRD	-0.0037	(-0.14)	-0.0288***	(-3.63)
$FAMILY1$	0.0027	(0.05)	-0.0205**	(-2.18)

선택함수 (threshold equation)	상수항	OWN	$OUTDIR$	$BDSIZE$	OCD
	-17.9778***	-0.87527***	0.5233**	0.5327***	-0.2505
	(-19.93)	(-2.81)	(2.73)	(4.19)	(-1.03)

<표 Ⅴ-16>은 지배가족 구성원이 경영에 참여하는 기업특성을 고려한 내생적 전환회귀모형의 추정 결과이다. 양호한 지배구조체제에서 지배가족 구성원의 경영참여 여부를 나타내는 더미변수 ($FAMILY2$)의 회귀계수는 -0.0339(z =-1.19)로 유의한 영향관계를 확인할 수 없다.

하지만 취약한 지배구조체제에서는 $FAMILY2$의 회귀계수가 0.0279 (z =3.79)로 유의한 정(+)의 영향관계를 확인할 수 있다. 취약한 재배구조를 가진 기업에 있어 지배가족 구성원이 경영에 참여하는 경우에 배당이 증가한다는 것을 알 수 있다. 이는 취약한 지배구조 기업의 경우 지배가족의 사적이해에 의해 배당이 증가할 수 있음을 의미하는 것이다. 특히 지배가족의 구성원이 경영에 참여하는 경우에 배당의 증가 현상이 나타난다는 것을 알 수 있다.

투자기회변수(MB)의 회귀계수를 보면 양호한 지배구조체제에서는 -0.0085(z =-0.49)로 비유의한 부(−)의 관계를 보이고 있다. 그렇지만 취약한 지배구조체제에서는 회귀계수가 0.0122(z =2.95)로 1% 유의수준에서 유의적인 정(+)의 관계를 보이고 있다. 이러한 결과는 가족기업 더미변수($FAMILY$)를 사용하여 분석한 결과와 동일하다.

〈표 Ⅴ-16〉 지배가족 구성원이 경영 참여하는 기업특성을 통제한 경우 투자기회와 배당성향 간의 관계에 대한 내생적 전환회귀분석 결과

표본은 2005년부터 2013년까지 한국거래소 유가증권시장에 상장되어 있는 비금융업종 기업의 9개년 자료인 총 4,915개임. 지배가족 구성원이 경영 참여하는 기업(3,446개)을 의미함. 이 표는 지배가족 구성원이 경영에 참여하는 경우의 특성을 나타내는 더미변수($FAMILY2$)를 통제한 상황에서 내생적 전환회귀모형을 사용하여 투자기회와 배당정책 간의 관계를 분석한 결과임. ( )안의 숫자는 z값임. *, **, ***는 각각 유의수준 10%, 5%, 1%에서 유의적임을 나타냄.

$$I_i = 1 \quad \text{if } \gamma z_i + u_i > 0, \quad I_i = 0 \quad \text{if } \gamma z_i + u_i \leq 0$$
$$\text{SCG regime: } DIV_{1i} = \beta^{SCG} x_{1i} + \varepsilon_{1i} \quad \text{if } I_i = 1,$$
$$\text{WCG regime: } DIV_{2i} = \beta^{WCG} x_{2i} + \varepsilon_{2i} \quad \text{if } I_i = 0$$

반응함수 (response function)	SCG regime		WCG regime	
상수항	1.5986***	(3.15)	0.0021	(0.03)
MB	-0.0085	(-0.49)	0.0122***	(2.95)
FOR	0.0192	(0.34)	0.0254**	(2.01)
LEV	-0.0361	(-0.46)	-0.2252***	(-12.24)
FCF	0.0267	(0.79)	0.0236***	(3.27)
$CURR$	0.0042	(0.77)	-0.0001	(-0.16)
$SIZE$	-0.0382**	(-2.38)	0.0099***	(3.51)
$ROIC$	0.0114	(0.26)	0.0171***	(3.49)
$GROW$	-0.0282	(-0.62)	-0.0138*	(-1.87)
AGE	-0.0340*	(-1.92)	-0.0030	(-0.67)
FRD	-0.0023	(-0.08)	-0.0289***	(-3.65)
$FAMILY2$	-0.0339	(-1.19)	0.0279***	(3.79)

선택함수 (threshold equation)	상수항	OWN	$OUTDIR$	$BDSIZE$	OCD
	-18.0970***	-1.0001***	0.5025***	0.5537***	-0.3484
	(-19.93)	(-3.39)	(2.64)	(4.34)	(-1.47)

<표 V-17>은 총수가 있는 대규모 기업집단 계열사의 기업특성을 고려한 내생적 전환회귀모형의 추정 결과이다. 양호한 지배구조체제에서 총수가 있는 대규모 기업집단 계열사 더미변수($FAMILY3$)의 회귀계수는 -0.0506(z =-1.95)으로 유의한 부(-)의 영향관계를 확인할 수 있다. 양호한 지배구조집단에서 총수가 있는 대규모 기업집단 계열사 기업인 경우에 배당을 증가시키는 것으로 이해할 수 있다. 하지만 취약한 지배구조집단에서는 유의한 영향관계를 확인할 수 없다. 이는 지배구조가 양호한 총수가 있는 대규모 기업집단 계열사인 경우에 배당이 감소하는 경향이 있다는 것을 알 수 있다. 총수가 있는 대기업 계열사의 경우 양호한 지배구조가 지배주주인 총수에 대한 견제와 감시기능으로 작용하여 사적이해에 의한 배당지급이 감소하는 것으로 이해할 수 있다.

투자기회변수(MB)의 회귀계수를 보면 양호한 지배구조체제에서는 -0.0083(z =-0.48)으로 비유의한 부(-)의 관계를 보이고 있다. 그렇지만 취약한 지배구조체제에서는 회귀계수가 0.0122(z =2.97)로 1% 유의수준에서 유의한 정(+)의 관계를 보이고 있다. 이러한 결과는 가족기업 더미변수($FAMILY$)를 사용하여 분석한 결과와 동일하다.

<표 V-17> 총수가 있는 대규모 기업집단 계열사 기업특성을 통제한 경우 투자기회와
배당성향 간의 관계에 대한 내생적 전환회귀분석 결과

표본은 2005년부터 2013년까지 한국거래소 유가증권시장에 상장되어 있는 비금융업종 기업의 9개년 자료인 총
4,915개임. 총수가 있는 대규모 기업집단 계열사 기업(1,556개)을 의미함. 이 표는 총수가 있는 대규모 기업집단
계열사 여부를 나타내는 더미변수(FAMILY3)를 통제한 상황에서 내생적 전환회귀모형을 사용하여 투자기회와
배당정책 간의 관계를 분석한 결과임. ( )안의 숫자는 z값임. *, **, ***는 각각 유의수준 10%, 5%, 1%에서 유의적
임을 나타냄.

$$I_i = 1 \quad \text{if} \ \gamma z_i + u_i > 0, \quad I_i = 0 \quad \text{if} \ \gamma z_i + u_i \leq 0$$
$$\text{SCG regime: } DIV_{1i} = \beta^{SCG} x_{1i} + \varepsilon_{1i} \quad \text{if} \ I_i = 1,$$
$$\text{WCG regime: } DIV_{2i} = \beta^{WCG} x_{2i} + \varepsilon_{2i} \quad \text{if} \ I_i = 0$$

반응함수 (response function)	SCG regime		WCG regime	
상수항	1.4675***	(2.97)	-0.0468	(-0.60)
MB	-0.0083	(-0.48)	0.0122***	(2.97)
FOR	0.0144	(0.26)	0.0167	(1.30)
LEV	-0.0178	(-0.23)	-0.2277***	(-12.36)
FCF	0.0286	(0.85)	0.0257***	(3.55)
CURR	0.0047	(0.87)	-0.0001	(-0.16)
SIZE	-0.0341**	(-2.14)	0.0129***	(4.29)
ROIC	0.0048	(0.11)	0.0176***	(3.59)
GROW	-0.0251	(-0.55)	-0.0144*	(-1.95)
AGE	-0.0302*	(-1.71)	-0.0041	(-0.92)
FRD	-0.0022	(-0.08)	-0.0284***	(-3.59)
FAMILY3	-0.0506*	(-1.95)	-0.0131	(-1.52)

선택함수 (threshold equation)	상수항	OWN	OUTDIR	BDSIZE	OCD
	-17.8136***	-0.9818***	0.4756***	0.5515***	-0.2999
	(-19.00)	(-3.34)	(2.50)	(4.29)	(-1.27)

(3) 가족기업 표본을 대상으로 한 내생적 전환회귀모형에 의한
실증분석 결과

앞의 분석에서 가족경영 특성이 배당정책에 영향을 미친다는 것
을 확인할 수 있었다. 따라서 여기서는 투자기회와 배당정책 간의

관계를 보다 엄밀히 분석해 보기 위하여 가족기업 표본만을 대상으로 내생적 전환회귀분석을 실시하였다.

<표 V-18>은 가족기업 표본을 대상으로 하여 투자기회와 배당성향 간의 관계를 내생적 전환회귀모형으로 분석한 결과이다. 투자기회변수(MB)의 회귀계수를 보면 양호한 지배구조체제에서는 -0.0086(z =-0.48)으로 비유의한 부(−)의 관계로 나타났다. 취약한 지배구조체제에서는 회귀계수가 0.0139(z =2.97)로 1% 유의수준에서 유의적인 정(+)의 영향관계로 나타났다.

이러한 결과는 가족기업더미변수($FAMILY$), 지배가족지분율 50% 이상 더미변수($FAMILY1$), 총수가 있는 대규모 기업집단 계열사더미변수($FAMILY3$)를 이용한 분석과 동일한 결과이다. 즉 가족기업 표본만을 대상으로 분석한 결과에서도 본 연구에서 제시된 [가설4]의 대체모형가설이 지지되는 것으로 이해할 수 있다.

〈표 V-18〉 가족기업 표본을 대상으로 투자기회와 배당성향 간의 관계에 대한 내생적 전환회귀분석 결과

표본은 2005년부터 2013년까지 한국거래소 유가증권시장에 상장되어 있는 비금융업종 가족기업(4,066개)을 의미함. 이 표는 가족기업만을 대상으로 내생적 전환회귀모형을 사용하여 투자기회와 배당정책 간의 관계를 분석한 결과임. ( )안의 숫자는 z값임. *, **, ***는 각각 유의수준 10%, 5%, 1%에서 유의적임을 나타냄.

$$I_i = 1 \quad \text{if } \gamma z_i + u_i > 0, \quad I_i = 0 \quad \text{if } \gamma z_i + u_i \leq 0$$
$$\text{SCG regime: } DIV_{1i} = \beta^{SCG} x_{1i} + \varepsilon_{1i} \quad \text{if } I_i = 1,$$
$$\text{WCG regime: } DIV_{2i} = \beta^{WCG} x_{2i} + \varepsilon_{2i} \quad \text{if } I_i = 0$$

반응함수 (response function)	SCG regime		WCG regime	
상수항	1.2795**	(2.28)	0.0908	(1.07)
MB	-0.0086	(-0.48)	0.0139***	(2.97)
FOR	-0.0073	-0.12)	-0.0039	(-0.30)

반응함수 (response function)	SCG regime		WCG regime	
LEV	-0.0280	(-0.33)	-0.2227***	(-10.89)
FCF	-0.0711	(-0.80)	0.0235***	(2.80)
CURR	0.0046	(0.81)	0.0000	(0.01)
SIZE	-0.0300*	(-1.66)	0.0076**	(2.33)
ROIC	0.0176	(0.40)	0.0162***	(3.25)
GROW	-0.0330	(-0.71)	-0.0230***	(-2.77)
AGE	-0.0252	(-1.41)	-0.0030	(-0.62)
FRD	0.0008	(0.03)	-0.0331***	(-3.80)

선택함수 (threshold equation)	상수항	OWN	OUTDIR	BDSIZE	OCD
	-17.2756***	-1.1053***	0.4033**	0.76603***	-0.4277*
	(-17.19)	(-3.30)	(1.96)	(4.64)	(-1.69)

3) 재벌기업 분석결과

앞의 이론적 배경에서 재벌기업은 비재벌기업에 비해 배당정책이
달리 나타날 수 있다고 하였다. 재벌기업은 상대적으로 유리한 신용
등급을 획득할 수 있고, 내부자본시장이 형성되어 자본조달이 원활
하게 이루어질 수 있기 때문에 이익을 유보시켜 이익잉여금에 의한
자본조달 필요성이 낮을 수 있다고 하였다. 또한 재벌총수 일가와
외부주주의 관계에서 보면, 재벌총수 일가의 사적 이익 추구현상에
의한 외부주주의 부 이전현상이 발생할 가능성이 높기 때문에, 시장
의 감시와 통제를 강화시키기 위해 외부주주는 배당지급의 확대를
요구할 수 있다고 하였다. 이러한 경우에는 재벌기업에서 배당이 증
가할 수 있다고 하였다. 한편으로는 재벌기업은 재벌총수 일가에 의
해 실질적으로 지배되는 경우가 많기 때문에 자기자본의 대리인비

용을 완화시키기 위해 배당을 통한 시장의 감시·통제기능을 강화할 필요성이 낮아지기 때문에 배당이 축소될 수 있다고 하였다.

이와 같이 재벌기업의 특성은 배당정책에 영향을 미칠 수 있으므로 여기서는 기업의 재벌기업 특성을 반영하여 투자기회와 배당정책의 관계를 분석하였다.

(1) 재벌기업의 패널회귀모형에 의한 실증분석 결과

앞의 이론적 배경에서 재벌기업의 특성은 기업의 배당정책에 영향을 미칠 수 있다고 하였다. 따라서 여기서는 재벌기업 특성을 반영하였을 때 투자기회와 배당정책 간의 관계를 분석하였다.

<표 V-19>는 재벌기업 특성을 고려하여 패널자료회귀모형에 의해 투자기회가 배당성향에 미치는 영향을 분석한 결과이다. <표 V-19>를 보면 지배구조더미변수(GD)는 [모형1]에서 지배구조더미 회귀계수가 0.0375(t=1.57)로 비유의적인 것으로 나타났고, [모형2]~[모형5]에서 지배구조더미 회귀계수가 각각 0.0484(t=1.92), 0.0483(t=1.91), 0.0483(t=1.91), 0.0483(t=1.91)으로 10% 유의수준에서 유의한 것으로 나타났다. [모형1]에서 투자기회와 지배구조 상호작용변수(MB·GD)의 회귀계수는 -0.0074(t=-0.51)로 유의한 영향관계를 확인할 수 없다. [모형2]~[모형5]에서 투자기회와 지배구조 상호작용변수의 회귀계수는 각각 -0.0153(t=-1.02), -0.0154(t=-1.02), -0.0153(t=-1.01), -0.0153(t=-1.02)으로 비유의적인 것으로 나타났다. 이러한 결과는 한국기업에 있어 재벌기업 특성을 통제한 상황에서 지배구조의 특성이 기업의 배당정책에 영향을 미친다는 것을

의미한다. 즉 [가설1]을 지지하는 것으로 해석할 수 있다.

한편 [모형1]~[모형5]에서 투자기회변수(MB)의 회귀계수가 각각 0.0098(t=2.31), 0.0092(t=1.92), 0.0092(t=1.92), 0.0092(t=1.92), 0.0092(t=1.93)로 유의한 영향관계를 확인할 수 있었다. 이는 재벌기업 특성을 통제했을 때 투자기회가 배당정책에 영향을 미친다는 결과이며, [가설2]를 지지하는 것으로 해석할 수 있다.

<표 V-19>에서 배당정책에 영향을 미치는 기업특성변수를 살펴보면, 레버리지비율(LEV), 투하자본수익률($ROIC$), 매출액증가율($GROW$), 설립연수(AGE), 금융위기기간더미(FRD)가 배당정책에 영향을 미치는 것으로 나타났다.

[모형1]~[모형5]에서 재벌기업 특성 더미변수의 회귀계수가 각각 -0.0058(t=-0.54), -0.0032(t=-0.21), -0.0072(t=-0.25), 0.0008(t=0.04), 0.0029(t=0.20)로 유의한 영향관계를 확인할 수 없다. 이러한 관계는 재벌기업 여부에 의해 배당정책이 영향을 받는지 확인할 수 없는 결과이다.

〈표 V-19〉 재벌기업 특성과 지배구조 특성을 통제한 경우 패널자료회귀분석 결과

이 표는 재벌기업 관련 변수와 지배구조 특성변수를 통제한 상황에서 투자기회와 배당정책의 관계를 분석한 패널자료회귀모형의 결과임. [모형1]은 (12)식에 재벌기업 여부더미(CB)를 포함한 것임. [모형2]는 (15)식을 분석한 모형임. [모형3]~[모형5]는 (15)식의 재벌기업 더미변수 대신에 각각 10대 재벌($CB10$), 30대 재벌($CB30$), 재벌기업 더미×가족기업 더미($CB \cdot FAMILY$)를 포함시킨 모형임. ( )안의 값은 t값임. ***, **, *는 각각 1%, 5%, 10% 수준에서 통계적으로 유의함을 나타냄. g통계량은 라그랑지 승수 검정(H_0: $\sigma_\eta^2 = 0$, $\sigma_\lambda^2 = 0$)에 대한 통계량임. m통계량은 하우즈만 검정(H_0: $E(\eta_i/x_{i\,t}) = 0$, $E(\lambda_t/x_{i\,t}) = 0$)에 대한 통계량임.

$$DIV_{i\,t} = \alpha + \beta_1 MB_{i\,t} + \beta_2 GD_{i\,t} + \beta_3 MB \cdot GD_{i\,t} + \beta_4 FOR_{i\,t} + \beta_5 LEV_{i\,t} \quad (15)$$
$$+ \beta_6 FCF_{i\,t} + \beta_7 CURR_{i\,t} + \beta_8 SIZE_{i\,t} + \beta_9 ROIC_{i\,t} + \beta_{10} GROW_{i\,t}$$
$$+ \beta_{11} AGE_{i\,t} + \beta_{12} FRD_{i\,t} + \beta_{13} CB_{i\,t} + \eta_i + \lambda_t + e_{i\,t}$$

구분	[모형1]	[모형2]	[모형3]	[모형4]	[모형5]
상수항	0.1790***(21.92)	0.4940** (2.21)	0.4934** (2.21)	0.4978** (2.22)	0.5001** (2.24)
GD	0.0375 (1.57)	0.0484* (1.92)	0.0483* (1.91)	0.0483* (1.91)	0.0483* (1.91)

구분	[모형1]	[모형2]	[모형3]	[모형4]	[모형5]
$MB \cdot GD$	-0.0074 (-0.51)	-0.0153 (-1.02)	-0.0154 (-1.02)	-0.0153 (-1.01)	-0.0153 (-1.02)
MB	0.0098** (2.31)	0.0092* (1.92)	0.0092* (1.92)	0.0092* (1.92)	0.0092* (1.93)
FOR	-	0.0108 (0.99)	0.0108 (0.99)	0.0109 (0.99)	0.0109 (0.99)
LEV	-	-0.1525*** (-4.93)	-0.1525*** (-4.93)	-0.1521*** (-4.91)	-0.1519*** (-4.91)
FCF	-	0.0057 (0.90)	0.0058 (0.92)	0.0058 (0.92)	0.0058 (0.93)
$CURR$	-	0.0006 (0.74)	0.0006 (0.73)	0.0006 (0.74)	0.0006 (0.74)
$SIZE$	-	-0.0002 (-0.03)	-0.0002 (-0.03)	-0.0004 (-0.05)	-0.0005 (-0.06)
$ROIC$	-	0.0096* (1.84)	0.0096* (1.83)	0.0096* (1.83)	0.0096* (1.83)
$GROW$	-	-0.0151** (-2.37)	-0.0151** (-2.38)	-0.0151** (-2.38)	-0.0152** (-2.38)
AGE	-	-0.0710*** (-3.48)	-0.0709*** (-3.47)	-0.0710*** (-3.48)	-0.0711*** (-3.49)
FRD	-	-0.0271*** (-4.45)	-0.0271*** (-4.45)	-0.0271*** (-4.45)	-0.0271*** (-4.45)
CB	-0.0058 (-0.54)	-0.0032 (-0.21)	-	-	-
$CB10$	-	-	-0.0072 (-0.25)	-	-
$CB30$	-	-	-	0.0008 (0.04)	-
$CB \cdot FAMILY$	-	-	-	-	0.0029 (0.20)
g 통계량	2,564.40***	2,158.64***	2,150.23***	2,156.05***	2,156.26***
m 통계량	1.26	42.11***	42.66***	42.18***	42.77***
적합모형	확률효과모형	고정효과모형	고정효과모형	고정효과모형	고정효과모형
표본기업 수	4,915개	4,915개	4,915개	4,915개	4,915개
R^2	0.0016	0.0201	0.0201	0.0201	0.0201
F값	9.40	6.68***	6.68***	6.68***	6.68***

(2) 재벌기업의 내생적 전환회귀모형에 의한 실증분석 결과

<표 V-20>은 재벌기업 특성을 고려한 내생적 전환회귀모형의 추정 결과이다. 양호한 지배구조체제와 취약한 지배구조체제에서 재벌기업 더미변수(CB)의 회귀계수는 -0.0071(z =-0.19), -0.0054(z =-0.58)로 유의한 영향관계를 확인할 수 없다. 이는 재벌기업 특성이 배당 정책에 영향을 미치는지 확인할 수 없는 결과이다.

투자기회변수(MB)의 회귀계수를 보면 양호한 지배구조체제에서는 -0.0089(z =-0.52)로 비유의적인 부(−)의 관계를 보이고 있다.

그렇지만 취약한 지배구조체제에서는 회귀계수가 0.0126(z =3.05)으로 1% 유의수준에서 유의적인 정(+)의 관계를 보이고 있다. 이는 취약한 지배구조체제에서 투자기회와 배당정책에 정(+)의 영향을 미친다는 것을 의미한다.

이러한 결과는 재벌기업 특성을 통제한 상황에서도 전체기업 표본을 분석한 결과와 동일하게 본 연구에서 제시된 [가설4]의 대체모형가설을 지지하는 것으로 해석할 수 있다.

<표 V-20>의 양호한 지배구조체제에서 배당정책에 영향을 미치는 기업특성변수는 기업규모($SIZE$), 설립연수(AGE)변수이다. 기업규모($SIZE$)와 설립연수(AGE)변수의 회귀계수는 각각 -0.0368(z =-2.25)과 -0.0325(z =-1.84)로 배당정책에 부(−)의 영향관계를 보이고 있다. 이는 전체기업 표본을 분석한 결과와 동일하다.

한편 <표 V-20>의 취약한 지배구조체제에서 배당정책에 영향을 미치는 기업특성변수는 잉여현금흐름(FCF), 기업규모($SIZE$)는 배당에 유의한 정(+)의 영향을 미치고, 레버리지비율(LEV), 설립연수(AGE), 금융위기기간더미(FRD)는 배당에 유의한 부(−)의 영향을 미치는 것으로 나타났다. 이러한 결과는 전체기업 표본을 분석한 결과와 동일하다.

<표 V-20>의 하단에 제시된 지배구조 결정변수의 회귀계수를 보면, 소유지분율(OWN)은 -0.9654(z =-3.29)로 부(−)의 계수 값을 보이고 있다. 사외이사비율($OUTDIR$), 이사회규모($BDSIZE$)의 회귀계수는 각각 0.4306(z =2.26), 0.5911(z =4.59)로 유의한 정(+)의 계수 값을 보이고 있다. 한편 소유지배괴리도(OCD)의 회귀계수는 -0.2340 (z =-0.99)으로 비유의적인 부(−)의 계수 값을 보이고 있

다. 이는 소유지분율이 적을수록, 사외이사비율이 높을수록, 이사
회규모가 클수록 양호한 지배구조로 분류된다는 것을 의미한다. 이
러한 결과는 전체기업을 분석한 <표 V-8>의 결과와 동일하다.

〈표 V-20〉 재벌기업 특성을 통제한 경우 투자기회와 배당성향 간의 관계에 대한
내생적 전환회귀분석 결과

표본은 2005년부터 2013년까지 한국거래소 유가증권시장에 상장되어 있는 비금융업종 기업의 9개년 자료인 총
4,915개임. 재벌기업(1,290개)을 의미함. 이 표는 재벌기업 특성변수(CB)를 통제한 상황에서 내생적 전환회귀모형
을 사용하여 투자기회와 배당정책 간의 관계를 분석한 결과임. ( )안의 숫자는 z값임. *, **, ***는 각각 유의수준
10%, 5%, 1%에서 유의적임을 나타냄.

$$I_i = 1 \quad \text{if} \ \gamma z_i + u_i > 0, \ I_i = 0 \quad \text{if} \ \gamma z_i + u_i \leq 0$$
$$\text{SCG regime: } DIV_{1i} = \beta^{SCG} x_{1i} + \varepsilon_{1i} \quad \text{if} \ I_i = 1,$$
$$\text{WCG regime: } DIV_{2i} = \beta^{WCG} x_{2i} + \varepsilon_{2i} \quad \text{if} \ I_i = 0$$

반응함수 (response function)	SCG regime		WCG regime	
상수항	1.5289***	(3.06)	-0.0275	(-0.33)
CB	-0.0071	(-0.19)	-0.0054	(-0.58)
MB	-0.0089	(-0.52)	0.0126***	(3.05)
FOR	0.0197	(0.35)	0.0089	(0.75)
LEV	-0.0232	(-0.30)	-0.2288***	(-12.43)
FCF	0.0220	(0.65)	0.0261***	(3.62)
CURR	0.0046	(0.85)	-0.0001	(-0.15)
SIZE	-0.0368**	(-2.25)	0.0121***	(3.76)
ROIC	0.0092	(0.21)	0.0175	(3.58)
GROW	-0.0281	(-0.62)	-0.0143*	(-1.95)
AGE	-0.0325*	(-1.84)	-0.0041	(-0.90)
FRD	-0.0045	(-0.17)	-0.0280***	(-3.54)

선택함수 (threshold equation)	상수항	OWN	OUTDIR	BDSIZE	OCD
	-16.7943***	-0.9654***	0.4306**	0.5911***	-0.2340
	(-16.62)	(-3.29)	(2.26)	(4.59)	(-0.99)

여기서는 재벌기업의 특성이 배당정책에 미치는 영향을 보다 세밀하게 분석하기 위하여 재벌기업을 10대 재벌과 30대 재벌로 나누어 분석해 보았다. <표 Ⅴ-21>은 10대 재벌기업 특성을 고려한 내생적 전환회귀모형의 추정 결과이다. 양호한 지배구조체제에서 10대 재벌 더미변수($CB10$)의 회귀계수는 -0.0751(z =-2.84)로 유의한 부(−)의 영향관계를 확인할 수 있다. 양호한 지배구조집단에서 10대 재벌기업인 경우에 배당을 감소시키는 것으로 이해할 수 있다. 하지만 취약한 지배구조집단에서는 유의한 영향관계를 확인할 수 없다. 10대 재벌기업 특성이 배당정책에 영향을 미치는지 확인할 수 없는 결과이다.

이러한 결과는 재벌기업 특성에 의해 설명해볼 수 있다. 즉 재벌기업은 재벌총수 일가에 의해 실질적으로 지배되는 경우가 많기 때문에 소유와 경영이 일치되어 대리인문제가 상대적으로 작게 나타날 수 있다. 이는 자기자본의 대리인비용을 완화시키기 위해 배당지급을 증가시켜 시장의 감시·통제기능을 강화할 필요성이 낮아지게 만들 수 있다. 따라서 배당이 축소될 수 있다. 또한 양호한 지배구조체제 아래서는 재벌기업 총수 일가의 사적 이익 추구 목적의 배당정책이 약화될 수 있기 때문에 배당이 감소하는 것으로 이해할 수 있다.

투자기회변수(MB)의 회귀계수를 보면 양호한 지배구조체제에서는 -0.0100(z =-0.59)으로 비유의적인 부(−)의 관계를 보이고 있다. 그렇지만 취약한 지배구조체제에서는 회귀계수가 0.0124(z =2.98)로 1% 유의수준에서 유의적인 정(+)의 관계를 보이고 있다. 이러한 결과는 재벌기업 전체 표본을 분석한 결과와 동일하다. 즉 10대

재벌기업 특성을 통제하는 경우 투자기회가 배당정책에 미치는 영향은 본 연구에 제시된 [가설4]의 대체모형이 지지되는 것으로 해석할 수 있다.

〈표 Ⅴ-21〉 10대 재벌기업 특성을 통제한 경우 투자기회와 배당성향 간의 관계에 대한
내생적 전환회귀분석 결과

표본은 2005년부터 2013년까지 한국거래소 유가증권시장에 상장되어 있는 비금융업종 기업의 9개년 자료인 총 4,915개임. 10대 재벌기업(447개을 의미함. 이 표는 10대 재벌기업 여부를 나타내는 더미변수(CB10)를 통제한 상황에서 내생적 전환회귀모형을 사용하여 투자기회와 배당정책 간의 관계를 분석한 결과임. ( )안의 숫자는 z값임. *, **, ***는 각각 유의수준 10%, 5%, 1%에서 유의적임을 나타냄.

$$I_i = 1 \quad \text{if} \ \gamma z_i + u_i > 0, \ I_i = 0 \quad \text{if} \ \gamma z_i + u_i \leq 0$$
$$\text{SCG regime: } DIV_{1i} = \beta^{SCG} x_{1i} + \varepsilon_{1i} \quad \text{if } I_i = 1,$$
$$\text{WCG regime: } DIV_{2i} = \beta^{WCG} x_{2i} + \varepsilon_{2i} \quad \text{if } I_i = 0$$

반응함수 (response function)	SCG regime		WCG regime	
상수항	1.2428**	(2.52)	-0.0020	(-0.03)
MB	-0.0100	(-0.59)	0.0124***	(2.98)
FOR	0.0174	(0.31)	0.0091	(0.77)
LEV	-0.0825	(-1.04)	-0.2290***	(-12.43)
FCF	0.0227	(0.68)	0.0263***	(3.64)
$CURR$	0.0029	(0.54)	-0.0000	(-0.13)
$SIZE$	-0.0245	(-1.52)	0.0110***	(3.75)
$ROIC$	0.0035	(0.08)	0.0175***	(3.57)
$GROW$	-0.0263	(-0.59)	-0.0142*	(-1.93)
AGE	-0.0387**	(-2.19)	-0.0038	(-0.85)
FRD	-0.0060	(-0.22)	-0.0278***	(-3.52)
CB10	-0.0751***	(-2.84)	0.0023	(0.16)

선택함수 (threshold equation)	상수항	OWN	$OUTDIR$	$BDSIZE$	OCD
	-17.4126***	-0.9254***	0.5264***	0.5869***	-0.2368
	(-18.69)	(-3.14)	(2.74)	(4.49)	(-0.99)

<표 Ⅴ-22>는 30대 재벌기업 특성을 고려한 내생적 전환회귀 모형의 추정 결과이다. 양호한 지배구조체제에서 30대 재벌기업 더미변수($CB30$)의 회귀계수는 -0.1115(z =-3.43)로 1% 유의수준에서 유의한 영향관계를 확인할 수 있다. 양호한 지배구조체제에서 30대 재벌기업의 경우 배당이 감소하는 것으로 이해할 수 있다. 하지만 취약한 지배구조체제에서는 유의한 영향관계를 확인할 수 없다.

이러한 결과는 재벌기업 특성에 의해 설명해볼 수 있다. 즉 재벌기업은 재벌총수 일가에 의해 실질적으로 지배되는 경우가 많기 때문에 소유와 경영이 일치되어 대리인문제가 상대적으로 작게 나타날 수 있다. 이는 자기자본의 대리인비용을 완화시키기 위해 배당지급을 증가시켜 시장의 감시·통제기능을 강화할 필요성이 낮아지게 만들 수 있다. 따라서 배당이 축소될 수 있다. 또한 양호한 지배구조체제 아래서는 재벌기업 총수 일가의 사적 이익 추구 목적의 배당정책이 약화될 수 있기 때문에 배당이 감소하는 것으로 이해할 수 있다.

투자기회변수(MB)의 회귀계수를 보면 양호한 지배구조체제에서는 -0.0091(z =-0.53)로 비유의적인 부(−)의 관계를 보인다. 하지만 취약한 지배구조체제에서는 0.0122(z =2.96)로 1% 유의수준에서 유의한 정(+)의 관계를 보이고 있다. 이러한 결과는 취약한 지배구조체제에서만 정(+)의 영향관계를 발견한 <표 Ⅴ-20>과 <표 Ⅴ-21>은 동일한 결과이다. 30대 재벌기업 특성을 통제하는 경우에도 투자기회와 배당정책 간의 관계는 지배구조 특성에 상관없이 정(+)의 영향관계를 갖는다는 것을 알 수 있다.

〈표 V-22〉 30대 재벌기업 특성을 통제한 경우 투자기회와 배당성향 간의
관계에 대한 내생적 전환회귀분석 결과

표본은 2005년부터 2013년까지 한국거래소 유가증권시장에 상장되어 있는 비금융업종 기업의 9개년 자료인 총 4,915개임. 30대 재벌기업(893개)을 의미함. 이 표는 30대 재벌기업 여부를 나타내는 더미변수(CB30)를 통제한 상황에서 내생적 전환회귀모형을 사용하여 투자기회와 배당정책 간의 관계를 분석한 결과임. ( )안의 숫자는 z값 임. *, **, ***는 각각 유의수준 10%, 5%, 1%에서 유의적임을 나타냄.

$$I_i = 1 \quad \text{if } \gamma z_i + u_i > 0, \quad I_i = 0 \quad \text{if } \gamma z_i + u_i \leq 0$$
$$\text{SCG regime: } DIV_{1i} = \beta^{SCG} x_{1i} + \varepsilon_{1i} \quad \text{if } I_i = 1,$$
$$\text{WCG regime: } DIV_{2i} = \beta^{WCG} x_{2i} + \varepsilon_{2i} \quad \text{if } I_i = 0$$

반응함수 (response function)	SCG regime		WCG regime	
상수항	1.0479**	(2.24)	0.0179	(0.23)
MB	-0.0091	(-0.53)	0.0122***	(2.96)
FOR	-0.0103	(-0.18)	0.0094	(0.79)
LEV	-0.0003	(-0.01)	-0.2297***	(-12.46)
FCF	0.0333	(0.99)	0.0262***	(3.63)
CURR	0.0037	(0.69)	-0.0001	(-0.13)
SIZE	-0.0178	(-1.17)	0.0103***	(3.38)
ROIC	0.0010	(0.03)	0.0175	(3.58)
GROW	-0.0246	(-0.55)	-0.0141*	(-1.92)
AGE	-0.0331*	(-1.90)	-0.0038	(-0.84)
FRD	-0.0080	(-0.30)	-0.0280***	(-3.53)
CB30	-0.1115***	(-3.43)	0.0049	(0.46)

선택함수 (threshold equation)	상수항	OWN	OUTDIR	BDSIZE	OCD
	-15.8406***	-0.8775***	0.4606**	0.6562***	-0.0952
	(-16.17)	(-2.97)	(2.41)	(4.99)	(-0.40)

앞에서 재벌기업 특성과 가족기업 특성이 배당정책에 영향을 미친다는 것을 확인할 수 있었다. 따라서 여기서는 이들 두 특성의 상호작용이 배당정책에 어떠한 영향을 미치는가를 분석해보았다.

<표 V-23>은 재벌기업과 가족기업 상호작용변수(CB×FAMILY)를 고려한 내생적 전환회귀모형의 추정 결과이다. 양호한 지배구조

체제에서 회귀계수는 -0.0534(z =-1.95)로 10% 유의수준에서 유의한 부(-)의 관계를 보인다. 하지만 취약한 지배구조체제에서 재벌기업과 가족기업 상호작용변수($CB \times FAMILY$)의 회귀계수는 -0.0049(z =-0.52)로 유의한 영향관계를 확인할 수 없다.

투자기회변수(MB)의 회귀계수를 보면 양호한 지배구조체제에서는 -0.0083(z =-0.48)으로 비유의적인 부(-)의 관계를 보이고 있다. 그렇지만 취약한 지배구조체제에서는 회귀계수가 0.0126(z =3.05)으로 1% 유의수준에서 유의적인 정(+)의 관계를 보이고 있다. 이러한 결과는 30대 재벌기업 분석결과와 재벌기업 전체 표본을 분석한 결과, 10대 재벌기업 분석결과 모두 동일하다. 즉 재벌기업과 가족기업 상호작용효과를 통제하는 경우 투자기회가 배당정책에 미치는 영향은 본 연구에 제시된 [가설4]의 대체모형이 지지되는 것으로 해석할 수 있다.

〈표 V-23〉 재벌기업과 가족기업 상호작용 효과를 통제한 경우 투자기회와 배당성향 간의 관계에 대한 내생적 전환회귀분석 결과

표본은 2005년부터 2013년까지 한국거래소 유가증권시장에 상장되어 있는 비금융업종 기업의 9개년 자료인 총 4,915개임. 재벌기업×가족기업 상호작용변수($CB \times FAMILY$) 기업(1,232개)을 의미함. 이 표는 재벌기업×가족기업 상호작용변수($CB \times FAMILY$)를 통제한 상황에서 내생적 전환회귀모형을 사용하여 투자기회와 배당정책 간의 관계를 분석한 결과임. ( )안의 숫자는 z 값임. *, **, ***는 각각 유의수준 10%, 5%, 1%에서 유의적임을 나타냄.

$$I_i = 1 \quad \text{if } \gamma z_i + u_i > 0, \quad I_i = 0 \quad \text{if } \gamma z_i + u_i \leq 0$$
$$\text{SCG regime: } DIV_{1i} = \beta^{SCG} x_{1i} + \varepsilon_{1i} \quad \text{if } I_i = 1,$$
$$\text{WCG regime: } DIV_{2i} = \beta^{WCG} x_{2i} + \varepsilon_{2i} \quad \text{if } I_i = 0$$

반응함수 (response function)	SCG regime		WCG regime	
상수항	1.4440***	(2.95)	-0.0271	(0.33)
MB	-0.0083	(-0.48)	0.0126***	(3.05)
FOR	0.0115	(0.21)	0.0089	(0.75)

반응함수 (response function)	SCG regime		WCG regime	
LEV	-0.0102	(-0.13)	-0.2289***	(-12.43)
FCF	0.0282	(0.83)	0.0261***	(3.62)
CURR	0.0050	(0.93)	-0.0001	(-0.15)
SIZE	-0.0330**	(-2.09)	0.0121***	(3.79)
ROIC	0.0053	(0.13)	0.0175***	(3.58)
GROW	-0.0245	(-0.54)	-0.0143*	(-1.95)
AGE	-0.0322*	(-1.83)	-0.0041	(-0.90)
FRD	-0.0026	(-0.10)	-0.0318***	(-3.53)
CB×FAMILY	-0.0534*	(-1.95)	-0.0049	(-0.52)

선택함수 (threshold equation)	상수항	OWN	OUTDIR	BDSIZE	OCD
	-17.3663***	-0.9781***	0.4554**	0.5821***	-0.2548
	(-18.16)	(-3.34)	(2.40)	(4.50)	(-1.07)

(3) 재벌기업 표본을 대상으로 한 내생적 전환회귀모형에 의한 실증분석 결과

앞의 분석에서 재벌기업 특성이 배당정책에 영향을 미친다는 것을 확인할 수 있었다. 따라서 여기서는 투자기회와 배당정책 간의 관계를 보다 엄밀히 분석해 보기 위하여 재벌기업 표본만을 대상으로 내생적 전환회귀분석을 실시하였다.

<표 V-24>는 재벌기업 표본을 대상으로 하여 투자기회와 배당성향 간의 관계를 내생적 전환회귀모형으로 분석한 결과이다. 투자기회변수(MB)의 회귀계수를 보면 양호한 지배구조체제에서는 -0.0048 (z =-0.19)로 비유의적인 부(−)의 관계로 나타났다. 하지만 취약한 지배구조체제에서는 회귀계수가 0.0347(z =3.68)로 1% 유의수준에서 유의적인 정(+)의 관계로 나타났다.

이러한 결과는 재벌기업더미변수(CB), 10대 재벌기업 더미변수($CB10$), 30대 재벌기업 더미변수($CB30$), 재벌기업×가족기업 상호작용변수($CB \times FAMILY$)를 이용한 분석과 동일한 결과이다. 즉 재벌기업 표본만을 대상으로 분석한 결과에서도 본 연구에서 제시된 [가설4]의 대체모형가설이 지지되는 것으로 이해할 수 있다.

〈표 V-24〉 재벌기업 표본을 대상으로 투자기회와 배당성향 간의 관계에 대한
내생적 전환회귀분석 결과

표본은 2005년부터 2013년까지 한국거래소 유가증권시장에 상장되어 있는 비금융업종 재벌기업(1,290개)을 의미함. 이 표는 재벌기업 표본만을 대상으로 내생적 전환회귀모형을 사용하여 투자기회와 배당정책 간의 관계를 분석한 결과임. ( )안의 숫자는 z값임. $*$, $**$, $***$는 각각 유의수준 10%, 5%, 1%에서 유의적임을 나타냄.

$$I_i = 1 \quad \text{if } \gamma z_i + u_i > 0, \quad I_i = 0 \quad \text{if } \gamma z_i + u_i \leq 0$$
$$\text{SCG regime: } DIV_{1i} = \beta^{SCG} x_{1i} + \varepsilon_{1i} \quad \text{if } I_i = 1,$$
$$\text{WCG regime: } DIV_{2i} = \beta^{WCG} x_{2i} + \varepsilon_{2i} \quad \text{if } I_i = 0$$

반응함수 (response function)	SCG regime		WCG regime	
상수항	1.1986*	(1.92)	0.0925	(0.56)
MB	-0.0048	(-0.19)	0.0347***	(3.68)
FOR	0.3988	(0.63)	0.0108	(0.43)
LEV	0.0010	(0.01)	0.2007***	(-5.60)
FCF	-0.0.540	(-0.50)	0.0219*	(1.96)
$CURR$	0.0048	(0.85)	0.0023	(1.34)
$SIZE$	-0.0294	(-1.50)	0.0057	(0.94)
$ROIC$	-0.0338	(-0.65)	0.0202***	(3.24)
$GROW$	-0.0353	(-0.74)	-0.0340*	(-1.77)
AGE	-0.0195	(-1.05)	-0.0024	(-0.28)
FRD	0.0265	(0.83)	-0.0003	(-0.02)

선택함수 (threshold equation)	상수항	OWN	$OUTDIR$	$BDSIZE$	OCD
	-17.1797***	-1.2227***	0.1723	0.4350***	-0.3199
	(-12.85)	(-3.17)	(0.76)	(2.60)	(-1.01)

4) 분석결과의 요약 및 의미

<표 Ⅴ-25>는 전체기업 분석, 가족기업 분석과 재벌기업 분석에 대한 분석결과를 요약한 것이다.

분석결과를 요약하면 다음과 같다. 전체 표본기업을 대상으로 패널자료회귀모형을 이용하여 분석한 결과에 의하면 기업의 지배구조는 배당정책에 유의하게 영향을 미친다는 것을 확인할 수 있었다. 그리고 투자기회와 지배구조의 상호작용변수도 유의한 영향을 미친다는 것을 확인할 수 있었다. 즉 한국기업에서 [가설1]이 지지된다는 것을 알 수 있었다. 또한 투자기회가 배당정책에 미치는 유의한 영향관계도 확인할 수 있었다. 즉 [가설2]가 지지된다는 것을 알 수 있었다.

전체 표본기업을 대상으로 한 내생적 전환회귀모형에서는 양호한 지배구조체제에서 투자기회가 배당에 비유의적인 부(−)의 영향을 미치는 것으로 분석되었다. 하지만 취약한 지배구조체제에서는 유의한 정(+)의 영향관계를 확인할 수 있었다. 이러한 분석결과에서 기업지배구조는 투자기회와 배당정책 간의 관계에 영향을 미치고, La Porta et al.(2000)이 제시한 대체모형 가설이 지지되는 것으로 해석할 수 있었다. 즉 이는 취약한 지배구조체제에서 투자기회가 많을수록 배당지급을 증가시킨다는 것으로 [가설4]가 지지되는 것으로 이해할 수 있었다.

가족경영 특성을 통제한 상황에서 투자기회가 배당정책에 미치는 영향을 패널자료회귀모형을 이용하여 분석한 결과에 의하면, 지배구조의 특성이 배당정책에 유의한 영향을 미친다는 것을 확인할 수 있었다. 그리고 투자기회와 지배구조의 상호작용변수도 유의한 영향을 미친다는 것을 확인할 수 있었다. 또한 투자기회가 배당정책에 유의하게 영향을 미친다는 결과도 확인할 수 있었다. 이는 전체 표본기업을 대상으로 패널자료회귀모형을 이용하여 분석한 내용과 동일한 결과였다.

가족경영 특성을 통제한 상황에서 기업지배구조가 투자기회와 배당정책 간의 관계에 미치는 영향을 내생적 전환회귀모형을 이용하여 분석한 결과에 의하면, 양호한 지배구조체제에서 투자기회는 배당정책에 비유의적인 부(−)의 영향을 미친다는 것을 확인할 수 있었다. 하지만 취약한 지배구조체제에서는 투자기회가 배당에 유의적인 정(+)의 영향을 미친다는 것을 알 수 있었다. 이는 전체기업을 분석한 결과와 동일하였고, 가족경영 특성을 통제한 상황에서도 [가설4]가 지지된다는 것을 알 수 있었다. 이러한 결과는 가족기업 표본만을 대상으로 내생적 전환회귀모형을 이용하여 분석한 결과에서도 동일하게 나타나서 [가설4]의 지지가 강건함을 확인할 수 있었다.

재벌경영 특성을 통제한 상황에서 패널자료회귀분석을 실시한 결과에 의하면, 지배구조의 특성이 배당정책에 유의하게 영향을 미친다는 것을 확인할 수 있었다. 그리고 투자기회와 지배구조의 상호작용변수도 유의한 영향을 미친다는 것을 확인할 수 있었다. 이는 전체기업표본이나 가족기업 특성을 통제한 상황에서와 마찬가지로 [가설1]이 지지되는 결과였다. 그리고 투자기회가 배당정책에 미치는 영향을 분석한 결과에 의하면, 투자기회가 배당정책에 미치는 유의한 영향관계도 확인할 수 있었다. 이는 [가설2]가 지지된다는 증거이다.

재벌경영 특성을 통제한 상황에서 기업지배구조가 투자기회와 배당정책 간의 관계에 미치는 영향을 내생적 전환회귀모형을 이용하여 분석한 결과에 의하면, 재벌기업더미(CB), 10대 재벌기업더미($CB10$), 30대 재벌기업더미($CB30$), 재벌기업×가족기업 상호작용변수($CB \times FAMILY$)를 통제한 상황에서 양호한 지배구조체제에서 투자기회는 배당정책에 비유의적인 부($-$)의 영향을 미친다는 것을 알 수 있었다. 하지만 취약한 지배구조체제에서는 투자기회가 배당에 유의적인 정($+$)의 영향을 미친다는 것을 알 수 있었다. 이러한 결과에서 재벌기업 특성을 통제한 상황에서도 [가설4]가 강건하게 지지되는 것으로 이해할 수 있었다.

재벌기업 표본만을 대상으로 투자기회가 배당정책에 미치는 영향을 내생적 전환회귀모형을 이용하여 분석한 결과에 의하면, 양호한 지배구조체제에서 투자기회는 배당정책에 비유의적인 부($-$)의 영향을 미치고, 취약한 지배구조체제에서는 투자기회가 배당에 유의적인 정($+$)의 영향을 미친다는 것을 알 수 있었다. 즉 [가설4]의 대체모형이 지지된다는 것을 확인할 수 있었다.

〈표 V−25〉 패널회귀모형 및 내생적 전환회귀모형에 의한 분석결과 요약

이 표에서 ***, **, *는 각각 1%, 5%, 10% 유의수준에서 유의함을 나타냄. *표시가 되어 있지 않은 기호는 통계적으로 비유의적임을 의미함. ESM은 내생적 전환회귀모형의 결과임을 표시함. SCG, WCG는 각각 양호한 지배구조와 취약한 지배구조를 나타냄.

구분			분석 변수		
			투자기회	지배구조	투자기회× 지배구조
전체기업 분석		패널회귀모형	$+^*$	$+^*$	$-^*$
	ESM	SCG	-		
		WCG	$+^{***}$		
가족 기업 분석	가족더미 통제	패널회귀모형	$+^*$	$+^*$	-
		ESM SCG	-		
		WCG	$+^{***}$		
	지배가족· 소유지분 통제	ESM SCG	-		
		WCG	$+^{***}$		
	지배가족 경영참여 통제	ESM SCG	-		
		WCG	$+^{***}$		
	총수가 있는 기업집단 통제	ESM SCG	-		
		WCG	$+^{***}$		
	가족기업 표본 대상	ESM SCG	-		
		WCG	$+^{***}$		
재벌 기업 분석	재벌더미 통제	패널회귀모형	$+^*$	$+^*$	-
		ESM SCG	-		
		WCG	$+^{***}$		
	10대 재벌 통제	ESM SCG	-		
		WCG	$+^{***}$		
	30대 재벌 통제	ESM SCG	-		
		WCG	$+^{***}$		
	재벌×가족기업 통제	ESM SCG	-		
		WCG	$+^{***}$		
	재벌기업 표본 대상	ESM SCG	-		
		WCG	$+^{***}$		

3. 강건성분석 결과

분석결과들의 강건성을 확인하기 위해 금융위기 전후의 기간을 구분하여 분석하였다. 금융위기 기간 동안 기업들은 대내외 불확실성이 높은 상황에서 경제주체의 심리변화 등 정성적 요소가 경제활동에 미치는 영향이 확대되어 투자에 대한 의사결정을 미루고, 현금자산의 보유 선호도가 높아지는 등 비금융위기 기간과는 상당히 다른 기업행태를 보였을 것으로 판단되기 때문이며 이 기간 동안에 어떠한 변화가 발생하였는지를 확인하기 위함이다. 이를 분석하기 위하여 금융위기 전의 기간은 2005년부터 2007년까지 3개년이며, 금융위기 후의 기간은 금융위기가 시작된 2008년부터 2013년까지 6개년으로 구분하여 분석하였다.

<표 V-26>은 금융위기 발생 전의 기간 표본을 대상으로 하여 투자기회와 배당성향 간의 관계를 내생적 전환회귀모형으로 분석한 결과이다. 투자기회변수(MB)의 회귀계수를 보면 양호한 지배구조체제에서는 -0.0163(z =-0.40)으로 비유의적인 부($-$)의 관계로 나타났다. 하지만 취약한 지배구조체제에서는 회귀계수가 -0.0233(z =-3.63)으로 1% 유의수준에서 유의적인 부($-$)의 관계로 나타났다. 이러한 결과는 전체 표본에 대하여 분석한 <표 V-8>의 결과인 양호한 지배구조체제에서 유의한 영향관계를 확인할 수 없게 나타나고, 취약한 지배구조체제에서는 유의한 정($+$)의 영향관계가 나타나는 결과와는 상이한 결과이다.

〈표 V-26〉 금융위기기간 이전기업 표본을 대상으로 투자기회와 배당성향 간의
관계에 대한 내생적 전환회귀분석 결과

표본은 2005년부터 2007년까지 한국거래소 유가증권시장에 상장되어 있는 비금융업종 재벌기업(1,534개)을 의미함. 이 표는 재벌기업 표본만을 대상으로 내생적 전환회귀모형을 사용하여 투자기회와 배당정책 간의 관계를 분석한 결과임. ( )안의 숫자는 z값임. *, **, ***는 각각 유의수준 10%, 5%, 1%에서 유의적임을 나타냄.

$$I_i = 1 \quad \text{if } \gamma z_i + u_i > 0, \quad I_i = 0 \quad \text{if } \gamma z_i + u_i \leq 0$$
$$\text{SCG regime: } DIV_{1i} = \beta^{SCG} x_{1i} + \varepsilon_{1i} \quad \text{if } I_i = 1,$$
$$\text{WCG regime: } DIV_{2i} = \beta^{WCG} x_{2i} + \varepsilon_{2i} \quad \text{if } I_i = 0$$

반응함수 (response function)	SCG regime		WCG regime	
상수항	0.5953	(0.55)	0.1887	(1.18)
MB	-0.0163	(-0.40)	-0.0233***	(-3.63)
FOR	0.0023	(0.02)	0.1231***	(2.72)
LEV	-0.0275	(-0.20)	-0.1944***	(-5.39)
FCF	-0.2357	(-1.02)	0.0391	(1.25)
$CURR$	0.0093	(0.55)	0.0062***	(2.61)
$SIZE$	-0.0010	(-0.03)	0.0057	(0.91)
$ROIC$	0.2307	(1.40)	-0.0242	(-0.89)
$GROW$	0.1840	(1.36)	-0.0039	(-0.30)
AGE	-0.0790**	(-2.07)	-0.0104	(-1.08)

선택함수 (threshold equation)	상수항	OWN	$OUTDIR$	$BDSIZE$	OCD
	-14.4891***	-1.6186***	1.1516***	0.4427	-0.9881**
	(-9.09)	(-2.82)	(2.79)	(1.64)	(-2.12)

<표 V-27>은 금융위기 발생 후의 기간 표본을 대상으로 하여 투자기회와 배당성향 간의 관계를 내생적 전환회귀모형으로 분석한 결과이다. 투자기회변수(MB)의 회귀계수를 보면 양호한 지배구조체제에서는 -0.0152(z =-0.76)로 비유의적인 부(-)의 관계로 나타났다. 하지만 취약한 지배구조체제에서는 회귀계수가 0.0353(z =6.35)으로 1% 유의수준에서 유의적인 정(+)의 관계로 나타났다. 이러한 결과는 전체 표본에 대하여 분석한 <표 V-12>의 결과인 양호한 지배

구조체제에서 유의한 영향관계를 확인할 수 없게 나타나고, 취약한 지배구조체제에서는 유의한 정(+)의 영향관계가 나타나는 결과와 동일한 결과이다.

이러한 결과는 금융위기기간 전후에는 투자기회와 배당정책 간의 관계에 있어 기업의 지배구조 특성이 변화가 있었음을 의미한다. 또한, 금융위기 이후와 전체 기간의 결과가 동일하여 실증분석 결과가 강건함을 확인할 수 있다.

〈표 V-27〉 금융위기기간 이후기업 표본을 대상으로 투자기회와 배당성향 간의 관계에 대한 내생적 전환회귀분석 결과

표본은 2008년부터 2013년까지 한국거래소 유가증권시장에 상장되어 있는 비금융업종 재벌기업(3,381개)을 의미함. 이 표는 재벌기업 표본만을 대상으로 내생적 전환회귀모형을 사용하여 투자기회와 배당정책 간의 관계를 분석한 결과임. ( )안의 숫자는 z값임. *, **, ***는 각각 유의수준 10%, 5%, 1%에서 유의적임을 나타냄.

$$I_i = 1 \quad \text{if } \gamma z_i + u_i > 0, \quad I_i = 0 \quad \text{if } \gamma z_i + u_i \leq 0$$
$$\text{SCG regime: } DIV_{1i} = \beta^{SCG} x_{1i} + \varepsilon_{1i} \quad \text{if } I_i = 1,$$
$$\text{WCG regime: } DIV_{2i} = \beta^{WCG} x_{2i} + \varepsilon_{2i} \quad \text{if } I_i = 0$$

반응함수 (response function)	SCG regime		WCG regime	
상수항	1.4588**	(2.17)	-0.1016	(-1.21)
MB	-0.0152	(-0.76)	0.0353***	(6.35)
FOR	0.0128	(0.21)	0.0267**	(2.21)
LEV	-0.0562	(-0.60)	-0.2253***	(-10.55)
FCF	0.0286	(0.83)	0.0232***	(3.18)
CURR	0.0043	(0.78)	-0.0006***	(-0.88)
SIZE	-0.0368*	(-1.72)	0.0126***	(3.94)
ROIC	0.0034	(0.08)	0.0188***	(3.86)
GROW	-0.0612	(-1.24)	-0.0174**	(-1.97)
AGE	-0.0121	(-0.58)	-0.0000	(-0.01)

선택함수 (threshold equation)	상수항	OWN	OUTDIR	BDSIZE	OCD
	-19.3634***	-0.7520***	0.1174	0.5838***	-0.0741
	(-17.34)	(-2.15)	(0.50)	(3.79)	(-0.27)

■■■ 제6장

결론

본 연구에서 기업의 지배구조와 투자기회가 배당정책에 미치는 효과를 분석하였다. 기업지배구조가 배당정책에 미치는 영향과 투자기회가 배당정책에 미치는 영향을 패널자료회귀모형을 이용하여 분석하였다. 그리고 La Porta et al.(2000)의 연구에 기초하여 결과모형가설과 대체모형가설의 지지 여부를 분석하였다. 이를 위해 지배구조 특성에 따라 주주 권리보호가 양호한 기업과 주주 권리보호에 취약한 기업으로 나누어 내생적 전환회귀모형을 응용하여 분석하였다.

이러한 분석은 전체 표본기업을 대상으로 하였으며, 한국기업의 특징이라고 할 수 있는 가족경영과 재벌경영 특성을 반영한 분석도 실시하였다. 표본기업은 2005년부터 2013년까지 한국거래소 유가증권시장에 상장된 기업 중에서 총 4,915개를 선정하였다.

첫째, 전체 표본기업을 대상으로 패널자료회귀모형을 이용하여 분석한 결과에 의하면 기업의 지배구조가 양호할수록 배당지급을 늘리고 투자기회가 높을수록 배당지급도 늘린다는 것을 확인할 수 있었다.

배당정책에 영향을 미치는 기업특성변수는 레버리지비율, 투하자본수익률, 매출액증가율, 설립연수, 금융위기기간더미로 나타났다. 레버리지비율이 높을수록 배당지급을 감소시킨다는 것을 알 수 있었다. 레버리지가 증가하면 시장의 경영감시기능이 강화되기 때문에 배당정책을 경영감시 메커니즘으로 활용할 필요성이 낮기 때문인 것으로 이해되었다. 투하자본수익률은 배당지급을 증가시키는 것을 알 수 있었다. 매출액증가율은 배당지급을 감소시키는 것을 알 수 있었다. 매출액 증가율이 높은 기업은 투자자금에 대한 수요가 많기 때문에 배당에 의해 현금이 사외로 유출되는 것을 꺼릴 수 있기 때문으로 보인다. 설립연수는 배당지급을 감소시킨다는 것을 알 수 있었다. 기업의 설립연수가 오래되었을수록 기업의 정보가 공개될 가능성이 크고 기업의 전망에 대한 불확실성이 낮아져 배당을 신호수단으로 활용할 필요성이 낮기 때문으로 이해되었다. 금융위기기간더미는 배당지급을 감소시킨다는 것을 알 수 있었다. 이는 금융위기 기간 동안에는 기업들이 경영환경의 악화로 투자심리가 악화되고, 현금자산 보유 선호도에 따라 배당을 감소시킨 것으로 이해할 수 있었다.

둘째, 전체 표본기업을 대상으로 한 내생적 전환회귀모형에서는 양호한 지배구조체제에서 투자기회는 유의한 영향관계를 확인할 수 없었다. 하지만 취약한 지배구조체제에서 투자기회가 높을수록 배당지급을 증가시킨다는 것을 알 수 있었다.

셋째, 가족경영 특성을 통제한 상황에서 투자기회가 배당정책에 미치는 영향을 패널자료회귀모형을 이용하여 분석한 결과에 의하면, 지배구조의 특성은 배당지급을 늘린다는 것을 확인할 수 있었다. 그리고 투자기회가 배당정책에도 유의하게 영향을 미친다는 결과는 확인할 수 있었다. 이는 전체 표본기업을 대상으로 패널자료 회귀모형을 이용하여 분석한 결과와 동일하였다.

넷째, 가족경영 특성을 통제한 상황에서 기업지배구조가 투자기회와 배당정책 간의 관계에 미치는 영향을 내생적 전환회귀모형을 이용하여 분석한 결과에 의하면, 양호한 지배구조체제에서 투자기회는 유의한 영향관계를 확인할 수 없었다. 하지만 취약한 지배구조체제에서는 투자기회가 높을수록 배당지급을 늘린다는 것을 확인할 수 있었다. 이는 전체기업을 분석한 결과와 동일하였다. 이러한 결과는 가족기업 표본만을 대상으로 내생적 전환회귀모형을 이용하여 분석한 결과에서도 동일하였다.

다섯째, 재벌경영 특성을 통제한 상황에서 패널자료회귀분석을 실시한 결과에 의하면, 지배구조의 특성은 배당지급을 증가시킨다는 것을 확인할 수 있었다. 이는 전체기업 표본이나 가족기업 특성을 통제한 상황에서와 동일한 결과였다. 투자기회가 배당정책에 미치는 영향을 분석한 결과에 의하면, 투자기회가 배당정책에 유의한 영향관계를 확인할 수 있었다.

여섯째, 재벌경영 특성을 통제한 상황에서 기업지배구조가 투자기회와 배당정책 간의 관계에 미치는 영향을 내생적 전환회귀모형을 이용하여 분석한 결과에 의하면, 재벌기업더미, 10대 재벌기업더미, 30대 재벌기업더미, 재벌기업×가족기업 상호작용변수를 통제한 상황에서 모두 다 양호한 지배구조체제에서 투자기회는 배당지급에 미치는 결과는 확인할 수 없었다. 그렇지만 취약한 지배구조체제에서 투자기회가 높을수록 배당지급을 늘린다는 것을 확인할 수 있었다.

일곱째, 재벌기업 표본만을 대상으로 투자기회가 배당정책에 미치는 영향을 내생적 전환회귀모형을 이용하여 분석한 결과에 의하면, 양호한 지배구조체제에서 투자기회가 배당에 유의적인 영향을 미친다는 증거는 발견할 수 없었다. 그렇지만 취약한 지배구조체제에서는 투자기회가 높을수록 배당지급을 증가한다는 것을 알 수 있었다.

이상의 결과를 종합해 보면, 전체적으로 한국기업들의 배당정책은 기업지배구조에 의해 영향을 받고, La Porta et al.(2000)이 제시한 대체모형가설을 따르는 것으로 이해할 수 있었다. 즉, 기업은 성장전망이 높은 기업들은 외부자금조달의 필요성이 크기 때문에 좋은 조건의 자금을 조달하기 위하여 주주의 권리를 잘 보호한다는 평판을 얻기 위하여 배당을 증가시켜 주주의 권리를 잘 보호한다는 신호를 시장에 전달하다는 것을 알 수 있었다.

본 연구 결과는 다음과 같은 시사점을 제공한다.

첫째, 한국기업에 있어 배당정책은 가족경영이나 재벌기업적 특성보다는 지배구조 특성에 의해 영향을 받고 있기 때문에 성과배분을 투자지표로 고려하는 투자자는 기업의 지배구조 특성을 고려하는 것이 바람직할 것으로 생각한다. 취약한 지배구조를 가지는 기업 중에 투자기회가 높은 경우 배당성향이 높은 특징이 있기 때문에 배당투자를 선호하는 투자자는 취약한 지배구조 기업 중 투자기회가 높은 기업을 선택하는 것이 바람직할 것으로 판단한다. 다만 지배구조가 취약한 기업이더라도 투자기회가 낮은 기업인 경우에는 배당성향을 낮추는 경향이 있기 때문에 투자대상 기업의 지배구조와 투자기회를 동시에 고려하는 것이 필요할 것으로 생각한다.

둘째, 기업의 재무건전성을 유도하고자 하는 정부의 입장에서는 기업의 지배구조 개선이 유용한 정책수단이 될 수 있을 것으로 생각된다. 투자기회가 많은 기업의 경우 자금조달 수요가 증가하는데, 지배구조가 취약한 기업은 배당을 늘려 외부자금을 늘리려는 경향이 있기 때문이다. 따라서 자금수요가 많은 투자기회 기업에 대해 지배구조를 개선시키는 정책을 추진하면 이들 기업의 외부자금 수요를 감소시키는 효과가 발생하여 기업부실을 방지할 수 있을 것이다. 이는 기업의 재무건전성을 강화시키는 효과로 이어질 수 있을 것으로 생각된다.

이러한 시사점에도 불구하고, 본 연구는 다음과 같은 한계점을 가지고 있다.

첫째, 양호한 지배구조와 취약한 지배구조를 구분하기 위해 사용된 지배구조변수가 모든 요소를 반영하고 있는가 하는 문제이다. 본 연구에서 사용된 지배주주 및 친인척의 소유지분율과 사외이사비율, 이사회규모, 소유지배괴리도 등의 요소 외에도 기업지배구조를 반영하는 여러 요소가 존재하는 것이 현실이다. 본 연구에서는 자료 수집의 어려움으로 인해 반영하지 못한 부분이 있다. 이러한 문제는 추가적인 연구에서 반영하도록 노력할 계획이다.

둘째, 투자기회를 측정하는 다양한 방법들이 있음에도 불구하고 본 연구에서는 MB비율만을 사용하여 분석하였다. ME/BE비율, EP비율, CAPX/PPE비율 등을 사용하여 분석한 결과와 비교해봄으로써 분석결과의 강건성과 지표의 효율성을 확인해볼 필요성이 있었음에도 시간적 제약 등으로 인하여 향후 연구과제로 남겨 두었다.

셋째, 배당정책을 반영하는 다양한 지표들을 개발하여 분석해 보는 것이 필요했음에도 충분히 반영하지 못한 부분이 있다. 본 연구에서는 배당정책의 대용지표로 배당성향만을 고려하였는데, 다른 배당정책 변수들도 연계하여 분석하는 것이 필요할 것으로 생각한다.

이러한 연구의 한계점에도 불구하고 본 연구의 결과는 배당을 투자지표로 고려하는 투자자나 기업의 재무건전성을 유도하고자 하는 정부에 유용한 시사점을 제공해줄 수 있을 것으로 기대한다.

참고문헌

김경묵(2003), "기업 지배구조와 혁신: 소유구조가 연구개발(R&D) 투자에 미치는 영향", 경영학연구, 제32권 제6호, 1,799-1,832.

김도성・양준선・황승찬(2010), "기업의 배당정책과 지배 및 소유구조에 관한 연구", 회계연구, 제15권 제3호, 1-32.

김동욱・전영환・김병곤(2013), "기업지배구조가 투자기회와 배당정책의 관계에 미치는 영향에 관한 연구: 패널자료회귀모형과 내생적 전환회귀모형을 응용하여", 금융공학연구, 제12권 제3호, 131-153.

김동욱・전영환・김병곤(2014), "한국 가족기업의 지배구조와 투자기회가 배당정책에 미치는 영향에 관한 연구", 재무관리연구, 제31권 제2호, 107-140.

김병곤・곽철효・정정현(2013), 『현대재무관리』, 법문사.

김병곤・김동욱(2006), "한국기업의 지배구조 특성분석 및 개선방안에 관한 연구", 금융공학연구, 제5권 제1호, 179-203.

김병곤・김동욱(2009), "한국기업의 지배구조와 자본구조가 기업가치에 미치는 영향", 산업경제연구, 제22권 제4호, 1,593-1,620.

김병곤・김동욱・김동회(2010), "정보비대칭과 배당정책: 배당신호가설 검증", 금융공학연구, 제9권 제1호, 99-124.

김성민(2006), "대리인비용, 기업지배구조와 배당정책", 2006년도 5개 학회 춘계 공동 학술연구발표논문, 1-23.

김성민・이은정(2008), "대리인문제 및 외부자본조달 제약하에서 지배구조와 배당정책", 증권학회지, 제37권 제5호, 949-981.

김용현(2005), "재무구조와 투자 및 배당의 동시결정에 관한 실증연구", 대한경영학회지, 제18권 제4호, 1,505-1,527.

김인수(2010), "한국기업의 배당결정요인에 관한 연구: 재벌・비재벌기업, 소유경영・전문경영기업 비교", 박사학위논문.

김인수・김동욱・김병곤(2011), "한국기업의 배당결정요인: 재벌・비재벌, 소유・전문경영기업 비교", 산업경제연구, 24(5), 2,855-2,880.

김철중(1996), "소유권구조, 자본조달정책 및 배당정책의 상호연관성에 관한 연구", 재무관리연구, 제27권 제3호, 51-78.

김학건·이재호(2012), "코스닥 상장기업의 기업지배구조, 기업가치, 자본비용 및 연구개발투자 간 연계관계 분석", 기업가정신과 벤처연구, 제15권 제2호, 1-22.

김흥식·조경식(2011), 『기업재무론』, 문영사.

박경서·변희섭·이지혜(2011), "상품시장에서의 경쟁과 기업지배구조의 상호작용이 투자와 배당에 미치는 영향", 재무연구, 제24권 제2호, 483-522.

박경서·이은정(2006), "외국인투자자가 한국기업의 경영 및 지배구조에 미치는 영향", 금융연구, 제20권 제2호, 73-113.

박광우·박래수·황이석(2005), "기업지배구조와 주주부의 배분에 관한 연구", 증권학회지, 제34권 제4호, 149-188.

박영석·김남곤(2007), "기업지배구조와 기업가치: 투자 효율성과 대리인비용을 중심으로", 경영학연구, 제36권 제5호, 1,203-1,232.

설원식·김수정(2006), "외국인투자자가 기업의 배당에 미치는 영향", 증권학회지, 제35권 제1호, 1-40.

산업자원부 정책용역과제(2002), "기업지배구조의 개선방안", 한국경제인연합회.

신민식·김수은(2009), "자금조달결정, 투자결정 및 배당정책 간의 상호관계", 금융공학연구, 제8권 제1호, 45-73.

육근효(1989), "주주-경영자 간의 대리문제에 관한 실증연구: 배당정책을 중심으로", 증권학회지, 제11집, 143-166.

이가연·고영경(2010), "기관투자자지분율과 투자기회를 고려한 기업의 배당정책", 대한경영학회지, 제23권 제2호, 1,027-1,046.

이상우(1999), "경영자의 지분률과 투자안에 대한 위험선호유인", 재무연구, 제12권 제1호, 103-127.

이장우·지성권·김용삼(2011), "지배구조 고려하의 배당정책이 기업가치에 미치는 영향에 관한 연구", 금융공학연구, 제10권 제3호, 137-167.

이정도·공정택(1994), "기업의 재무적 요인과 현금배당률 수준의 관련성에 관한 연구", 증권학회지, 제16집, 437-465.

전영환·김동욱·김병곤(2014), "한국 재벌기업의 투자기회와 배당정책: 내생적 전환회귀모형에 의한 지배구조의 영향분석", 한국자료분석학회지, 제16권 제3호, 1,413-1,428.

조영곤·설원식(2006), "외국인주주와 기업의 연구개발투자", 국제경영연구,

제17권 제4호, 127-156.

주상룡(1993), "내부자 소유구조가 배당성향에 미치는 영향에 관한 실증적 연구", 재무관리연구, 제10권 제1호, 125-140.

최종범·서정원(2005), "세계 각국의 배당정책 결정요인 검증", 증권학회지, 제34권 제4호, 69-110.

Adam, T. and V. K. Goyal(2008), "The Investment Opportunity And Its Proxy Variables", *Journal of Financial Research*, 31, 41-63.

Agrawal, A. and N. Jayaraman(1994), "The Dividend Policies of All Equity Firms: A Direct Test of the Free Cash Flow Theory", *Managerial Decision Economics*, 15, 139-148.

Akhtaruddin, M. and M. Hossain(2008) "Investment Opportunity Set, Ownership Control and Voluntary Disclosures in Malaysia", *Journal Of Administration And Governance*, 3(2), 25-39.

Allen, F., A. Bernardo and I. Welch(2000), "A Theory of Dividend Based on Tax Clienteles", *Journal of Finance*, 55(6), 2,499-2,536.

Allen, F. and R. Michaely(1995), "Dividend Policy", in R. Jarrow et al.(eds.), *Finance, Vol. 9 of Handbooks in Operations Research and Management Science*, (North Holland), 793-837.

Barclay, M., C. Smith and R. Watts(1995), "The Determinants of Corporate Leverage and Dividend Policies", *Journal of Corporate Finance*, 7(4), 4-19.

Bebchuk, L. A., R. Kraakman and G. Triants(2000), "Stock Pyramids, Cross-ownership and Dual Class Equity: The Mechanisms and Agency Costs of Separating Control from Cash-Flow Rights", *Economic Effects of Concentrated Corporate Ownership*, 295-315.

Bhattachacharya, S.(1979), "Imperfect Information, Dividend Policy and the 'Bird in Hand' Fallacy", *Bell Journal of Economics*, 10, 259-270.

Bhojraj, S. and P. Sengupta(2003), "Effect of Corporate Governance on Bond Rating and Yields: The Role of Institutional Investors and Outside Directors", *Journal of Business*, 76, 455-475.

Casey, K. and J. Theis(1997), "A Note on Determinants of Cash Flow Dividend Payout in the Petroleum Industry", *Journal of Energy Finance and Development*, 2(2), 239-248.

Chen, C. R. and T. L. Steiner(2000), "An Agency Analysis of Firm Diversification: The Consequences of Discretionary Cash and Managerial Risk Considerations", *Review of Quantitative Finance and Accounting*, 14(3), 247-260.

Cho, M.(1998), "Ownership Structure, Investment and the Corporare Value: An Empirical Analysis", *Journal of Financial Economics*, 47(1), 103-121.

Claessens, S., S. Djankov and L. H. P. Lang(2000), "The Separation of Ownership and Control in East Asian Corporations", *Journal of Financial Economics*, 58, 81-112.

Crutchley, H. and R. Hansen(1989), "A Test of the Theory of Managerial Ownership, Corporate Leverage and Corporate Dividends", *Financial Management*, 18(4), 36-46.

DeAngelo, H., L. DeAngelo and R. Stulz(2006), "Dividend Policy and the Earned/ Contributed Capital Mix: A Test of the Life-cycle Theory", *Journal of Financial Economics*, 81(2), 227-254.

Demsetz, H.(1983), "The Structure of Ownership and the Theory of the Firm", *Journal of Law and Economics*, 26, 375-390.

Devereux, M. and F. Schiantarelli(1990), "Investment, Financial Factors and Cash Flow: Evidence from UK Panel Data", *Asymmetric Information, Corporate Finance and Investment*, 279-306.

Dickens, R., K. Casey and J. Newman(2003), "Bank Dividend Policy Explanatory Factors", *Quarterly Journal of Business and Economics*, 41(1-2), 3-13.

Easterbrook, F. H.(1984), "Two Agency-Cost Explanations of Dividends", *American Economic Review*, 74(4), 650-659.

Faccio, M. and L. Lang (2002), "The Ultimate Ownership of Western European Corporations", *Journal of Financial Economics*, 65(3), 365-395.

Fama, E. F. and M. C. Jensen(1983), "Separation of Ownership and Control", *Journal of Law and Economics*, 26(2), 327-349.

Fama, E. F. and K. R. French(2001), "Disappearing Dividends: Changing Firm Characteristics or Lower Propensity to Pay?", *Journal of Financial Economics*, 60(1), 3-44.

Farinha, J. and O. Lopez-de-Foronda(2009), "The Relation Between Dividends and Insider Ownership in Different Legal Systems: International Evidence",

European Journal of Finance, 15(2), 169-189.

Fazzari, S. M. and B. C. Petersen(1993), "Working Capital and Fixed Investment: New Evidence on Financing Constraints", *RAND Journal of Economics*, 24(3), 328-342.

Fazzari, S., R. Hubbard and B. Peterson(1988), "Financing Constraints and Corporate Investment", *Brookings Papers on Economic Activity*, 1, 141-195.

Fenn, G. and N. Liang(2001), "Corporate Payout Policy and Managerial Stock Incentives", *Journal of Financial Economic*, 60(1), 45-72.

Ferris, S., N. Sen and E. Unlu(2009), "An International Analysis of Dividend Payment Behavior", *Journal of Business Finance and Accounting*, 36(3-4), 496-522.

Fluck, Z.(1999), "The Dynamics of the Management-shareholder and Dividend Payout Policy", *Review of Financial Studies*, 12, 379-404.

Gordon, M.(1959), "Dividends, Earnings and Stock Prices", *Review of Economics and Statistics*, 41(2), 99-105.

Grullon, G., R. Michaely and B. Swaminathan(2002), "Are Dividend Changes a Sign of Firm Maturity", *Journal of Business*, 75(3), 387-424.

Gugler, K. and B. Yurtoglu(2003), "Corporate Governance and Divident Payout Policy in Germany", *European Economic Review*, 47(4), 731-758.

Gul, F. A. and B. T. Kealey(1999), "Chaebol, Investment Opportunity Set and Corporate Debt and Dividend Policies of Korean Companies", *Review of Quantitative Finance and Accounting*, 13, 401-416.

Hansen, R. S. and P. Torregrosa(1992), "Underwriter Compensation and Corporate Monitoring", *Journal of Finance*, 47(4), 1,537-1,555.

Hu, A. and P. Kumar(2004), "Managerial Entrenchment and Payout Policy", *Journal of Financial and Quantitative Analysis*, 39(4), 759-790.

Jensen, G., D. Solberg and T. Zorn(1992), "Simultaneous Determination of Insider Ownership, Debt and Dividend Policies", *Journal of Finance and Quantitative Analysis*, 27(2), 247-263.

Jensen, M.(1986), "Agency Costs of Free Cash-flow, Corporate Finance and Takerovers", *American Economic Review*, 76(2), 323-329.

Jensen, M. and W. Meckling(1976), "Theory of the Firm: Managerial Behavior,

Agency Costs and Ownership Structure", *Journal of Financial Economics*, 3(4), 305-360.

Jiraporm, P. and Yixi Ning(2006), "Dividend Policy, Shareholder Rights and Corporate Governance", *Social Science Research Network working paper*.

Jiraporn, P. and P. Chintrakarn(2009), "Staggered Boards, Managerial Entrenchment and Dividend Policy", *Journal of Financial Service Research*, 36(1), 1-19.

Jiraporn, P. and Y. Ning(2006), "Dividend Policy, Shareholder Rights and Corporate Governance", *Journal of Applied Finance*, 16(2), 24-36.

John, K. and J. Williams(1985), "Dividends, Dilution and Taxes: A Signaling Equilibrium", *Journal of Finance*, 40(4), 1,053-1,070.

Kai, Li. and X. Zhao(2008), "Asymmetric Information and Dividend Policy", *Journal of Financial Management*, 37(4), 673-694.

Kale, J. and T. Noe(1990), "Dividends, Uncertainty and Underwriting Costs under Asymmetric Information", *Journal of Financial Research*, 13(4), 265-277.

Khang, K. and T. H. King(2006), "Does Dividend Policy Relate to Cross-Sectional Variation in Information Asymmetry? Evidence from Return to Insider Trades", *Financial Management*, 35(4), 71-94.

Klein, A.(2002), "Economic Determinants of Audit Committee Independence", *The Accounting Review*, 77(2) 435-452.

La Porta, R., F. Lopez-de-Silanes, A. Shleifer and R. Vishny(2000), "Agency Problems and Dividend Policies Around the World", *Journal of Finance*, 55(1), 1-33.

Lee, P. and H. O'Neill(2003), "Ownership Structures and R&D Investments of U. S. and Japanese Firms: Agency and Stewardship Perspectives", *Academy of Management Journal*, 46(2), 212-225.

Lehn, K. and A. Poulsen(1989), "Free Cash Flow and Stockholder Gains in Going Private Transaction", *Journal of Finance*, 44(3), 771-787.

Li, K. and X. Zhao(2008), "Asymmetric Information and Dividend Policy", *Financial Management*, 37(4), 673-694.

Lie, E.(2000), "Excess Funds and The Agency Problems: An Empirical Study of Incremental Disbursements", *Review of Financial Studies*, 13(1), 219-248.

Lin, K. and C. Shen(2012), "The Impact of Corporate Governance on the Relationship between Investment Opportunities and Dividend Policy: An Endogenous Switching Model Approach", *Asia-Pacific Journal of Financial Studies*, 41(2), 125-145.

McConnel, J. J. and H. Servaes(1990), "Additional Evidence on Equity Ownership and Corporate Value", *Journal of Financial Economics*, 27(2), 595-612.

McKnight, P. J. and C. Weir(2009), "Agency, Corporate Governance Mechanisms and Ownership Structure in Large UK Publicly Quoted Companies: A Panel Data Analysis", *Quarterly Review of Economics and Finance*, 49(2), 139-158.

Miller, M. and F. Modigliani(1961), "Dividend Policy, Growth and the Valuation of Shares", *Journal of Business*, 34(4), 411-433.

Miller, M. and K. Rock(1985), "Dividend Policy Under Asymmetric Information", *Journal of Finance*, 40(4), 1,031-1,051.

Morck, R., A. Shleifer and R. Vishny(1988), "Managerial Ownership and Marker Valuation An Empirical Analysis", *Journal of Financial Economics*, 20, 293-315.

Myers, S.(2000), "Outside Equity", *Journal of Finance*, 55(3), 1,005-1,037.

Rozeff, M.(1982), "Growth, Beta and Agency Costs as Determinants of Dividend Payout Ratios", *Journal of Financial Research*, 5(3), 249-259.

Schooley, D. K. and L. D. Barney, Jr.(1994), "Using Dividend Policy and Managerial Ownership to Reduce Agency Costs", *Journal of Financial Research*, 17(3), 363-373.

Smith Jr, C. W.(1977), "Alternative Methods for Rising Capital: Rights Versus Underwritten Offerings", *Journal of Financial Economics*, 5(3), 273-307.

Smith Jr, C. W. and R. Watts(1992), "The Investment Opportunity Set and Corporate Financing, Dividend and Compensation Policies", *Journal of Financial Economics*, 32(3), 263-292.

Stulz, R.(1988), "Managerial Control of Voting Rights: Financing Policies and the Market for Corporate Control", *Journal of Financial Economics*, 20, 25-54.

Wild, J.(1996), "The Audit Committee and Earnings Quality", *Journal of Accounting, Auditing & Finance*, 11(2), 247-276.

Yermack, D.(1996), "Higher Market Value of Companies with a Small Board of Director", *Journal of Financial Economics*, 40(2), 185-211.

전영환(全永煥) ──────────────────────────────

현) 경남개발공사 부장
　　경상남도 공동주택 품질검수단위원
　　창원시 공동주택 분양가심사위원
　　창원시 설계자문위원
　　함양고등학교 운영위원
경상대학교 건축학과 졸업
경상대학교 대학원 건축학 석사
창원대학교 대학원 경영학 석사
창원대학교 대학원 경영학 박사

「기업지배구조가 투자기회와 배당정책의 관계에 미치는 영향에 관한 연구:
　패널자료 회귀모형과 내생적 전환회귀 모형을 응용하여」
「한국 가족기업의 지배구조와 투자기회가 배당정책에 미치는 영향에 관한 연구」
「한국 재벌기업의 투자기회와 배당정책: 내생적 전환회귀 회귀모형에 의한
　지배구조의 영향분석」

김병곤(金炳坤)

현) 창원대학교 경영학과 교수
　　한국금융공학회 편집위원장
부산대학교 경영학과 졸업
부산대학교 대학원 경영학 석사, 박사
LG경제연구원 책임연구원
부산발전연구원 연구위원
창원경륜공단 사외이사
California State University at Fresno, Visiting Scholar

『채권투자의 이해』
『잇센셜 재무관리』
『잇센셜 투자론』
『증권시장론』
『현대투자론』
『현대재무관리』
『현대자본시장론』
『현대증권시장론』
「한국기업의 소유구조와 기업가치: 경영자지분율의 동태적 분석」
「한국기업의 지배구조와 대리인비용: 소유경영기업과 전문경영기업 비교분석」
「주식수익률에 대한 BM비율효과 분석」
「유형의 정보와 무형의 정보에 대한 시장반응」
「한국기업의 다각화와 기업가치에 관한 실증연구-LISREL모형을 응용하여」
「대리권문제와 기업다각화가 기업가치에 미치는 영향에 관한 실증연구」
「전략적 사업구조조정을 통한 기업가치의 증대방안」
「한국기업의 자본구조와 대리인문제: 패널자료로부터의 함의」
「소유경영자지분율과 자본구조: 외환위기 이후기간 패널자료분석」
「한국기업의 지배구조와 자본구조가 기업가치에 미치는 영향: 패널 2SLS분석을 이용하여」
「기업지배구조가 투자기회와 배당정책의 관계에 미치는 영향에 관한연구:
　패널자료 회귀모형과 내생적 전환회귀 모형을 응용하여」
「한국 가족기업의 지배구조와 투자기회가 배당정책에 미치는 영향에 관한 연구」
「한국 재벌기업의 투자기회와 배당정책: 내생적 전환회귀 회귀모형에
　의한 지배구조의 영향분석」
「Corporate Governance and Firm Performance: The Korean Evidence」
「The Relationships Among Corporate Governance Structure,
　Business Diversification and Corporate Value: Evidence from Korean Firms」
외 다수

배당정책의 이해

| 지배구조와 투자기회의 영향분석 |

초판인쇄   2015년 1월 16일
초판발행   2015년 1월 16일

지은이   전영환·김병곤
펴낸이   채종준
펴낸곳   한국학술정보㈜
주소   경기도 파주시 회동길 230(문발동)
전화   031) 908-3181(대표)
팩스   031) 908-3189
홈페이지   http://ebook.kstudy.com
전자우편   출판사업부   publish@kstudy.com
등록   제일산-115호(2000. 6. 19)

ISBN   978-89-268-6779-2 93320